Veritas tantam

Olivier de Kersauson
Au cherche midi

De l'urgent, du presque rien et du rien du tout, 2019
Promenades en bord de mer et étonnements heureux, 2016
Le Monde comme il me parle, 2013
Ocean's Songs, 2009
La Bretagne vue de la mer, 2006
Tous les océans du monde, 1997

OLIVIER DE KERSAUSON

Veritas tantam

potentiam habet ut non subverti possit

(*La vérité a une telle puissance qu'elle ne peut être anéantie*)

le cherche midi

Vous pouvez consulter notre catalogue général
et l'annonce de nos prochaines parutions sur notre site :
www.cherche-midi.com

92, avenue de France
75013 Paris

Conception graphique : Justine Dupré
Mis en pages par : Nord Compo
Dépôt légal : novembre 2022
ISBN : 978-2-7491-6260-7

Je ne suis pas plus coupable de ce que je pense que vous ne le serez de votre haine lorsque vous m'aurez lu.

Le problème des souvenirs, c'est qu'ils appartiennent au passé. À quoi ça sert d'avoir des souvenirs ? Je voudrais, à rebours, avoir des avenirs, autrement dit des situations que je vois, que je pressens, que j'aime à deviner, à prévoir et qui auront cours dans quelques années. Ça, ce serait formidable. Ne plus vivre au présent mais « vivre à l'avenir »...

Échange souvenirs contre avenir.

J'ai toujours mesuré que tout n'était pas éternel. C'est pour cette raison que j'ai fait mille choses qui me faisaient marrer ; je n'allais quand même pas m'emmerder à attendre d'être vieux pour rire...

CHUTE LIBRE

Personne ne peut savoir ce qui arrivera demain. Presque tout le monde a sauté de l'avion et nous sommes en chute libre. Et, au fur et à mesure, il est urgent de s'inventer des parachutes. C'est vraiment ça : la chute libre. Le vide, le grand vide. Personne ne connaît le sol sur lequel nous allons atterrir. Nous sommes un « précipité ». Nous sommes, au vrai, la matière même d'un « précipité ».

Avant il y avait une histoire, aujourd'hui il y a des faits. Nous sommes passés de la réflexion au buzz. La chute est vertigineuse. Tout cela s'arrêtera le jour où chacun aura repris conscience de la réalité.

Notre société n'a pas conscience de ses réalités. Elle est, depuis une vingtaine d'années, « exacerbée » – d'une certaine façon – à avoir conscience de ses souffrances. Ce sont ses souffrances qui la font vivre. Tout le monde demande pardon, pour ceci, pour cela. Tout le monde, aussi, est victime de quelque chose. C'est une identité, aujourd'hui, la victimisation.

De nos jours, la plupart des individus se regroupent par souffrances, réelles ou supposées, subodorées. C'est par leurs souffrances qu'ils existent. Humiliation des Gilets jaunes par des fonctionnaires de Paris qui taxent le diesel !

Cette société qui, soit dit en passant, ne parle que de communication ne communique pas du tout si l'on veut bien y regarder de près. Quand des types sont en train de taguer l'Arc de Triomphe qui n'est pas n'importe quel endroit – par parenthèse –, à l'Assemblée nationale, on est en train de discuter d'une loi qui interdit aux parents de mettre une gifle à leurs enfants.

LE MONDE VACILLE

Le monde vacille. Qui aurait pensé que nous serions contraints de vivre avec un masque sur le nez les trois quarts du temps, que l'idée même de se faire vacciner mettrait le feu à la Guadeloupe ? C'est tout cela qu'offre, d'une certaine manière, les effets fabuleux du bouleversement qu'est Internet, les conséquences d'Internet... C'est le regard que nous portons sur le monde qui est bouleversé par les nouveaux systèmes de revendications, de victimisations... Ah, la possibilité pour chacun d'exister !

Avant, pour exister, il fallait avoir fait quelque chose, avoir produit quelque chose, s'être manifesté par des actes. Aujourd'hui il suffit de trouver de quoi se plaindre. Et, aussitôt, avec Internet, rencontrer le troupeau qui va suivre la plainte ; mieux, le troupeau qui va nous suivre dans notre plainte, s'agréger à cette plainte. Il s'agit d'être non pas *pour*, mais résolument *contre* quelque chose : contre la chasse, contre le fait de manger de la viande, contre les abattoirs, contre les bouchers...

Nous vivons dans une société hallucinante. Quand j'avais vingt ans, je pouvais penser que j'allais faire un métier un certain temps. Aujourd'hui, impossible de penser ainsi. C'est bouleversant.

L'informatique a tout chamboulé. Il y a soixante ans, quand je m'intéressais à une question, que je voulais en savoir davantage, on me disait : « Demande à ton oncle ou à tel cousin, il connaît ça. » Aujourd'hui, j'ai deux cent mille oncles et cousins qui s'appellent tous Internet. Et ils savent tout.

Nous vivons, dans le même temps, une avancée formidable. Je ne suis pas nostalgique. Je ne déplore pas le monde ancien qui disparaît. Je dis qu'il faut que nous profitions avec enthousiasme du monde nouveau. Et comme j'ai une certaine culture du monde ancien, j'ai la possibilité de profiter à plein de ce qui se présente à moi. La vraie joie, c'est celle de vivre. Vivre est une joie !

Quand le Covid est arrivé et qu'on a confiné les populations, les réactions m'ont amusé. J'entendais, par exemple : « La nature a repris ses droits, on a vu des chevreuils dans les jardins en banlieue parisienne. » Mais la nature ne reprend pas ses droits.

C'était qu'il n'y avait plus de bruit. Si nous devons parler, nous n'allons pas nous installer place de la Concorde ; nous parlons avec des sons exactement comme les animaux ; or, les animaux ne pouvaient tout simplement pas se parler, s'interpeller en ville car ils ne s'entendaient pas, ils ne pouvaient pas sortir sans entendre le bruit d'un moteur à explosion. Il n'y a plus de bande-son pure. Avec le Covid, les animaux ont circulé partout parce qu'ils pouvaient enfin communiquer partout. Ce n'est pas l'homme qui gêne les animaux, c'est le bruit. De même, la pollution lumineuse perturbe les oiseaux nocturnes, les migrateurs... Il y a cinquante ans, lorsqu'on faisait un trajet important en voiture, il fallait nettoyer les pare-brise, les débarrasser des moustiques. Aujourd'hui, c'est presque inutile. Les insectes sont bien moins nombreux.

Le monde est techniquement modifié, intellectuellement aussi, mais peut-être surtout émotionnellement. Le plus grand nombre se préoccupe aujourd'hui de choses dont il n'avait que faire jadis. Depuis toujours, dans les milieux ruraux – lorsqu'il y avait 80 % de ruraux –, chacun avait vu quelqu'un tuer des cochons, abattre une chèvre, amener la vache à l'abattoir. Aujourd'hui, devant ce spectacle, ils sont scandalisés. Un comble. Culturellement, ils découvrent ! Ils n'ont vu des vaches que dans des dessins animés. Mais ils n'ont jamais palpé, touché un animal. Ils ne l'ont jamais regardé comme nous, au sortir de la guerre : quand nous voyions passer une vache, nous savions que nous allions pouvoir manger à notre faim. Les repères se trouvent biaisés.

Je suis très étonné de voir à quel point les morphologies de groupes sont différenciées. Aujourd'hui, chacun s'identifie à un groupe, son groupe. Et ces groupes se créent sur des schémas protestataires. Je suis contre ceci, alors je vais manifester et je vais rencontrer cinquante, mille, cent mille personnes comme moi. Je suis contre le vaccin, une manifestation est prévue, je m'y rends, je vais rencontrer des dizaines de gens comme moi. Je suis contre l'esclavage, je sors dans la rue, je vais rencontrer dix mille types contre l'esclavage.

Comment peut-on d'ailleurs être contre le vaccin ? Ceux-là mêmes qui sont contre emmènent leurs enfants chez McDo et ne font pas le lien, c'est tout ! Ils ont nourri leur progéniture avec du McDo mais ne supportent pas l'idée de leur inoculer un vaccin anti-Covid ! La réflexion a déserté. La preuve.

INSÉCURITÉ SOCIALE

L'identité, dont tout le monde parle, n'est pas le vrai problème. L'identité, c'est ce que tu recherches quand la vie ne t'a rien donné. La vie ne donne plus rien aux hommes. Dans le monde qui fut le mien – essentiellement rural –, tu étais quand même quelqu'un : identifiable et identifié. Aujourd'hui, les individus ne sont identifiés nulle part. Les gens ne te connaissent pas, ils ne savent pas qui tu es. L'identité, leur identité, ce n'est pas tant ce qu'ils recherchent que ce qui leur manque.

L'identité d'une personne, de nos jours, ne va pas s'exprimer par ses désirs, mais par ses souffrances, ses renoncements.

Ce sont des souffrances que nous allons avoir en commun, faute de rêves communs ! Nos rêves communs sont morts.

Même les partis politiques sont explosés. L'imposture politique est démasquée. Aujourd'hui, personne n'est dupe. Quel avenir promet-on ? Quel paradis prophétise-t-on ? Quel espoir fait-on naître ? Quel bonheur nous propose-t-on ? Il n'y a pas de promesses, pas ou plus. Plutôt : il y a mille promesses et pas de promesses de bonheur. Mais tout cela ne va pas durer. Parce que nous entrons dans des sociétés précaires où il va s'agir de se servir du génie humain et de son adaptabilité. Plus personne ne va faire le même métier pendant trente ans. On va faire DES métiers. Ce qui met bien la compétence elle-même en cause.

J'ai le sentiment que cette société qui semble faciliter tout (il s'agit là d'un leurre dont nous ne devons pas être les dupes) nous met à l'abri de la délicieuse protection qu'apportait l'habitude.

L'insécurité sociale des individus est grandissante à tous les niveaux. Et ça, c'est nouveau. Et mondial.

J'entendais quelqu'un, à la télévision, dire : « Il n'aurait pas fallu supprimer le service militaire. » C'est vrai et, dans le même temps, parfaitement faux. Il y a trente-cinq ans, l'un de mes frères commandait le *Colbert*, le dernier croiseur français. Il ne faisait plus le métier de capitaine, déjà, il faisait le métier d'éducateur. Il avait trois cents marins professionnels et huit cents appelés. Sur les huit cents appelés, il y avait quarante-cinq délinquants. Au fond, ce sont les militaires qui n'ont plus voulu des civils.

Les clivages de la société ont colossalement augmenté. Personne ne connaît plus personne. Les gens devinent l'autre grâce à ce que la télé montre de chez lui. Si c'est grand, beau et confortable, alors c'est chez un riche.

Grâce à Internet, tout le monde voit qu'il y a d'autres mondes que le sien, mais on ne peut pas les toucher, s'en emparer, y participer.

Pour changer le monde, il faudrait changer l'homme. Alors, rien ne change ni ne bouge. CQFD. L'homme ne change pas, voilà le drame.

L'homme, au fond, est toujours le même. Sauf à arguer de ses réactions superficielles. Mais la base profonde de l'homme, de la femme... Rien n'a changé. La forme change, pas le fond. C'est une loi non écrite mais bien réelle, pour le coup !

La société ne fait que les progrès que fait l'homme, mais l'homme ne fait pas de progrès. C'est ainsi. Il en est biologiquement incapable. Encore une fois, sur le fond.

D'aucuns disent « C'était mieux avant » ou alors « J'aurais voulu vivre au Moyen Âge ». Moi, la rage de dents au Moyen Âge, je ne suis pas preneur !

En France, on fait sans arrêt des lois. On passe du buzz à la loi, inversement et réciproquement. La réflexion ? N'y pensez pas ! Elle a, en grande partie, disparu dans je ne sais quelle oubliette d'un château hanté voire maudit.

On ne peut plus être député-maire : on est soit l'un, soit l'autre. Résultat : à l'Assemblée nationale, il n'y a plus que des représentants de la province qui ne connaissent pas la province. Ils vivent entre le train, l'avion et leur bagnole, leur maison et Paris... Ça donne une assemblée de types qui ne redeviennent « de province » que pendant les élections – dans le but de faire en sorte que la province vote pour le président qu'ils souhaitent.

Avant, le député-maire était au courant de ce qui se passait dans sa circonscription. Le député d'aujourd'hui n'est au courant que de ce que disent les chaînes d'infos. C'est étonnant. Là encore, nous nous sommes séparés du réel. Le réel, à un moment donné, on a le sentiment qu'il n'a plus intéressé personne. Pourtant, comme le disait Lacan, « le réel, c'est quand on se cogne » !

Il faut savoir comment les Chinois écrivent notre nom, à nous Français. Pour eux, nous sommes le pays des lois. Il faut imaginer comme un L avec à l'intérieur un carré plein de traits !

Nous passons notre temps à légiférer mais nous n'appliquons pas nos lois, c'est incroyable.

Je n'ai jamais appartenu, en fait, à ce monde. J'y ai fait des incursions, de petites interventions et c'est suffisant de mon point de vue. Je me suis « démerdé ». J'ai toujours été un rêveur. Je suis un rêveur joyeux. Je suis passé de la solitude en mer au plateau de RTL. Je n'ai jamais eu de problème d'identité. Il y a beaucoup d'individus dont l'activité est l'identité. Moi, mon identité a été dans la mer, et encore c'est une identité que l'autre ne peut pas supposer, appréhender dans ce sens que, quand tu n'as pas fait ce métier-là, tu n'as aucune idée de ce qu'il est...

La mer, c'est la partie la moins moche du monde.

LE « IEL » : UN SYMPTÔME !

Mettre le « iel » dans le dico, c'est un peu, selon moi, du niveau des précieuses ridicules que nous avions au XVIIe siècle. D'ailleurs, ils auraient dû appeler le dictionnaire *Roberte*. Au moins, ça aurait été drôle.

Enfin, tout cela n'est qu'un épiphénomène. Le problème, c'est qu'un épiphénomène aujourd'hui prend autant d'importance qu'un phénomène, autant de relief – et davantage même. On ne fait pas plus long à la télé ou à la radio sur des émeutes que sur le « iel » dans le *Robert*. Tout est au même niveau, sans distinction ! Niveler, c'est l'objectif. Tout niveler. Et qui plus est, par le bas.

Mon impression est que cette société n'a plus tout à fait de discernement. Elle se précipite sur le buzz, l'esbroufe, le spectacle permanent. Pour exister, il suffit d'être nouveau, neuf. Et ça suffit. La représentation !

Les médias sont devenus comme le monde qui nous entoure. Jadis, dans les journaux, il y avait les signatures de ceux qui avaient réfléchi, s'étaient cultivés. Aujourd'hui, la plupart des journalistes font au plus court, ils n'ont plus le temps de la réflexion, ils sont des arbitres, ils nous affirment ce qui est de bon ton ou ne l'est pas. Le camp du bien et celui du mal. Chacun vend une manière de penser. Et je n'accorde pas obligatoirement aux stars du petit écran une qualité. Leurs jugements m'intéressent assez peu. Car, bien souvent, ils sont assez peu intéressants.

Le bavardage a pris le pas sur tout. Un événement ? Vingt-cinq experts décryptent. C'est miraculeux. Au vrai, ils expliquent à tout le monde ce qu'ils n'ont compris qu'en partie. Le bavardage est mondialisé, comme le capitalisme. Ça va ensemble !

Notre monde est en permanence expliqué par ceux qui ne l'ont pas totalement saisi.

Il faut dire, à leur décharge, qu'il est moins saisissable qu'il ne le fut à l'époque des blocs de l'Est et de l'Ouest.

VERTU DÉVOYÉE

Le mot « vertu » ! Il revient en force, c'est impressionnant : quand tu prends ton vélo tu as un mode de déplacement vertueux, quand tu manges bio tu as un mode d'alimentation vertueux... C'est tout à fait neuf. Ce qui m'intéresse, c'est qu'au milieu d'une société en partie dévastée, où on se respecte de moins en moins, où on s'invective, où l'on est envers son prochain de plus en plus irrespectueux, violent (en mots comme en actes), ce mot de « vertu » ressurgisse. Comme par magie !

Ça m'est apparu complètement anachronique. Et pour tout dire, emprunté, comme si le mot était utilisé par ceux-là mêmes qui n'en connaissent pas la vraie signification.

Et c'est mis à toutes les sauces de la consommation, de l'ambition crade et de la niaiserie. Alors qu'étymologiquement la « vertu » est la conséquence directe d'un effort permanent pour s'améliorer réellement. Ça n'a rien à voir avec la confiscation momentanée de ce vocable pour accorder à un exercice quelconque le vernis d'une qualité que ceux qui utilisent le vocable ne possèdent pas. Le mot est arrivé comme ça, tout à trac, il est « rentré » dans le vocabulaire, et en y « rentrant » il s'est en fait dépouillé de son sens. C'est extraordinaire. La notion de vertu a toujours comporté, de mon point de vue, une référence à la culture française, une part d'effort, de privation, de constance, de détermination, de désir du bien, de profond désir du bien. On le retrouve dans *Tartuffe* (je cite de mémoire, mais je peux tromper) : « Ma vertu est ma discipline, les deux engins qui lui font soi-disant mal au corps pour mériter des indulgences... »

Le mot « vertu », je pense que déjà la génération de mes parents ne l'utilisait plus. Ou alors dans un sens très lointain. Ce devait être la génération de mes grands-parents peut-être, avant la fin du XIXe siècle, ou les gens nés dans les années 1870 qui l'utilisaient. Lorsque l'on évoquait quelqu'un de vertueux, il y avait, en écho, de l'admiration mais, accolée à cette notion, on percevait quand même la privation et la détermination au bien. En fait, on l'attribuait aux Carmes déchaussés, aux Sœurs réparatrices et aux ordres religieux qui, par l'abstinence déterminée de tout, s'approchaient de la vertu. La vertu représentant les marches de l'escalier unique et impénétrable vers la sainteté...

C'est, en vérité, un mot magnifique, mais dans le monde d'aujourd'hui il réapparaît *plastifié*. Sous cellophane. Il a perdu son... élasticité. La vertu a manifestement perdu de son élasticité. La vertu était la conséquence directe d'un comportement naturellement frugal ; un être vertueux acceptait de se priver de certaines choses du bas monde pour s'approcher de l'excellence. C'est ça, en fait, la vertu. Et maintenant c'est devenu le fait d'utiliser son vélo et de traverser le carrefour plein pot au feu rouge avec la certitude de sauver la planète. La bicyclette est devenue l'un des instruments, parmi d'autres, de la vertu.

Les bobos ont confisqué ce mot pour donner à leur gentille attitude écologique une densité qui n'existe pas. Il est devenu une imposture de plus. Un comble. On doit, ne serait-ce que par lucidité, le ranger dans le magasin déjà bien fourni des impostures modernes dont nous n'avons pas fini de dresser l'inventaire. Un cahier plein n'y suffirait pas. L'imposture est au programme !

L'ILLUSION DU « VIVRE-ENSEMBLE » : PEUT-ÊTRE ?

Une expression fleurit et continue de fleurir à l'envi, à l'instar d'un slogan publicitaire : le « vivre-ensemble ». Si cette expression fait florès c'est bien, précisément, qu'on a constaté des difficultés à vivre ensemble. Ne doit-on pas comprendre qu'elle fonctionne comme un symptôme ? Plus elle fleurit, cette expression, plus elle se dément, se démonétise. C'est ainsi que sa fréquente présence dans le discours prouve son absence dans la réalité du quotidien. Elle est la preuve tangible d'une maladie.

La première attaque sérieuse du « vivre-ensemble » a été, selon mes observations, la diffusion des écouteurs. Puisque c'est la manifestation la plus nette, la plus franche et la plus forte du refus du « vivre-ensemble ». Avec des écouteurs, un individu se crée son monde et déserte le monde tel que le vivent les autres. Si on se bouche les oreilles, forcément le « vivre-ensemble » devient complexe, et c'est un euphémisme. Encore une imposture. Et partant, s'ensuit le déferlement des niaiseries chantant la convivialité sur un air dont il est aisé de reconnaître qu'il est faux... Tout un vocabulaire utilisé pour exhorter la capacité à se réunir pour manger du saucisson... Mais je n'ai rien contre le saucisson.

Cette expression, « vivre-ensemble », est un trait de l'époque, la preuve encore de la maladie. Il s'agit presque de traquer l'imposture, en bon médecin. Mais comment la traquer ? Le mal est si répandu. Il s'agit d'une épidémie. Elle est partout.

Oui, parce que, comme toujours, on vend ce qui ne se fait plus. Dans les pubs on te vend du calme parce que le calme aujourd'hui est une denrée rare, on te vend du sauvage alors même que les saumons sont produits en élevage... L'homme s'empare du vocabulaire du disparu pour recréer un présent, c'est toujours comme ça. En somme, il s'agit d'un réflexe.

C'est le monde où l'on vit. Très souvent, quand je le regarde, je n'ai pas de révolte. Je trouve que ses impostures multiples ont quelque chose d'irréel. Le vocabulaire attribué n'appartient pas à la réalité que je perçois. Et tout ça est en fait assez touchant, parce que dans cette imposture il y a, en vérité, une conscience d'avoir perdu une sorte de faux paradis terrestre raconté par les anciens où tout était beau.

Il n'y a pas pires écolos que les citadins. Quand tu as passé ta vie au milieu des prairies et des feuilles de chêne, tu ne considères pas que la feuille de chêne et la prairie sont des choses extraordinaires : ce sont des choses normales. Je suis un peu attendri par cette espèce de bêlement niaiseux... Est-ce que ça a de l'importance ? Pas vraiment. Je crois que ce sont des pulsions saines de rêves pas tout à fait existants. Et c'est le monde dans lequel nous sommes. Il est d'ailleurs en train de s'enterrer aussi, parce qu'il n'y a pas de projet.

Le rêve, c'est le projet. Comment faire des projets en période de Covid ? Qui a son projet aujourd'hui, alors que les règles de base, le b.a.-ba de la vie changent sans arrêt ? Cette privation de projets est dure. On a tous été structurés sur des désirs donc des projets. Aujourd'hui le désir demeure mais le projet, qu'est-ce qu'on en fait ? C'est quoi ? Le projet, c'est « peut-être ». Terrible. Soyons clairs et, partant, lucides : la seule promesse du monde d'aujourd'hui, c'est la promesse du « peut-être ».

Les certitudes s'effacent comme la craie au tableau noir. On le retrouve dans la culture aussi, c'est marrant. Le chanteur espagnol qui dit « Toi non plus tu n'as pas changé », Julio Iglesias, quand il parle des femmes il chante « Nous, on vous dit "toujours" et vous, vous répondez "peut-être" ». C'est extraordinaire ! Moi, ça me fait rire. J'aime bien cette sorte d'analyse du monde dans laquelle toute la journée chacun est dans le « peut-être ». « Qu'est-ce que tu vas faire l'année prochaine ? — Peut-être que... » Mais tu ne peux pas dire : « L'année prochaine, je serai à New York à monter un restaurant sur un bateau » ou autre... Tu ne peux rien dire, tu n'es que dans le « peut-être ». Ce « peut-être » a envahi le monde auquel nous participons. C'est-à-dire que notre société qui avait la niaiserie d'être beaucoup dans le *wishful thinking* a involontairement installé, et définitivement, le « peut-être ». Est-ce irrémédiable ? Nous verrons bien.

C'est très intéressant de constater à quel point c'est une bascule. Et c'est dur de reconstruire. Le mot est un peu lourd mais en fait il correspond à une réalité vivante, et c'est compliqué de reconstruire (plus simplement de construire) des situations sur des « peut-être ». Parce que toutes les tentatives, même les plus absurdes, des civilisations se sont basées sur un goût d'éternité, du moins une tentative d'éternité, un rêve d'éternité. Les chrétiens, c'est pour toujours, le communisme, c'était pour changer l'homme. Il y a systématiquement un projet souvent idiot mais sur lequel tout le monde se centre... Alors le projet pour demain, c'est de faire le meilleur « peut-être » possible ? C'est d'une violence incroyable quand on y pense !

C'est même pour ça, pour ces raisons, que la violence monte. Parce qu'il y a de l'incompréhension, de la frustration si l'on préfère, de l'impatience… C'est comme si, au milieu du couloir dans lequel une vie se déroule, une porte s'ouvrait qui devait déboucher sur quelque chose, mais à chaque fois le brouillard est là, c'est « peut-être ». C'est dur d'aimer sans certitude, même avec une certitude très faible. On a fait des choses parce qu'on s'est construit, on s'est basé à l'époque sur des certitudes. Certitudes comme celle qui consiste à dire que le métier d'ingénieur est le plus beau métier du monde, certitude qu'il n'y a pas mieux que de travailler… certitude que… Ce sont des certitudes, adoptées ou simplement accueillies souvent, non pas avec énormément de réflexion mais avec enthousiasme et bienveillance, qui sont les moteurs de l'action pour beaucoup. Mais avec des « peut-être », que peut-on faire ? D'ailleurs personne ne sait à la fin ce qui va se passer. Et pour se rengorger, ou mieux se détromper, mieux encore se duper, on affirme (et c'est un leurre). Or, les affirmations, par essence, conduisent à la violence.

On parle beaucoup de « radicalisation » dans le discours politique. Ça veut dire « affirmation ». Voilà. Plus il y a de « peut-être », plus on va affirmer – ce n'est en rien contradictoire. C'est logique. Et tout est dans la friction !

Le président Emmanuel Macron ne dit pas « peut-être », lui, il utilise l'expression « en même temps ». Le « en même temps », c'est l'utilisation permanente du jugement de Salomon dans la conversation. Et rien d'autre. Vous êtes bons mais en même temps vous êtes des cons. On va faire ça mais en même temps on ne peut pas. Il pleut et en même temps il neige. Le « en même temps », c'est le refus de l'affirmation, alors que l'affirmation est tout à fait faisable.

En politique, dans les années 1960, les partis gagnaient en réussissant à convaincre, aux frontières des autres partis politiques, juste au bord, ceux qui pouvaient venir chez eux. C'est-à-dire qu'ils développaient un argumentaire qui permettait tout à coup de récupérer les chasseurs, les mangeurs de chevreuils, les paysans victimes de la sécheresse... Aujourd'hui, ce n'est plus le cas : ils ne réussissent à rallier que ceux à qui ils ont promis de perpétuer l'extraordinaire mollesse dans laquelle les humains sont obligés de vivre. C'est pour ça que l'on dit « en même temps ». Les partis leur proposent cette espèce de société molle parce que d'abord ils perçoivent la société comme molle, puisqu'ils n'ont plus de certitudes et qu'ils ne savent plus où aller... Et ceux qui ont des certitudes aujourd'hui ont des discours que personne n'admet, qui paraissent insupportables, effrayants ou violents.

Une chose me semble évidente : c'est la perte du rêve. Il n'y a plus rien qui fasse rêver. Il n'y a pas de projet et aucun homme politique ne dessine un avenir, un futur attrayant. Parce que personne ne peut dessiner. C'est dû aussi à la surpopulation, au changement de société. Regardons : les sorties d'usine, dans une boîte comme Moulinex (dans les années 1955-1960), laquelle faisait fortune parce qu'elle libérait la femme (en consommant de l'électricité quand même, soit dit en passant), c'étaient des milliers de gens à vélo. Le progrès fait que ceux-là ont fini par sortir de l'usine en voiture. Et aujourd'hui, on leur explique que ce que leurs pères ont abandonné, leurs vélos, qui étaient presque une marque du prolétariat, maintenant, c'est devenu la nécessité, l'urgence et le chic des gens qui veulent vivre en harmonie avec la planète...

Cette planète, elle est sûrement en danger. Oui, sûrement. Le nombre rend les choses inconfortables, je crois. Et de toute façon la « campagne » permanente de la planète en danger permet de créer une nouvelle religion d'où sortent de n'importe où des messies qui font tous dans l'incantatoire, comme la fille avec des nattes qui insulte tout le monde et vient parler à l'ONU, Greta Thunberg. À un moment donné, il y a un jugement de valeur sur tout : est-ce qu'avoir aujourd'hui une voiture de 400 CV, c'est vertueux ? Non. Est-ce qu'avoir aujourd'hui cinq vélos dans la famille, c'est vertueux ? Oui. Est-ce que se chauffer au solaire, c'est vertueux ? Oui. Est-ce que se chauffer au gaz ou au pétrole, c'est vertueux ? Non. Et tout est comme ça. C'est-à-dire que, dans la distribution générale, si les choses ne sont pas marquées du sceau de l'écologie, elles sont considérées comme non vertueuses. C'est l'uniformisation de la pensée. Attention, je ne crois pas que ce phénomène (ou ce que l'on pense tel) soit nouveau. Je crois que les pensées se sont assez facilement uniformisées.

La France d'aujourd'hui a découvert la victimisation. Ce qui donne à certains de nos contemporains une existence : la victimisation leur permet d'exister. Je suis victime donc j'existe... Avant, tu existais quand tu promettais d'être bourreau... Aujourd'hui tu es nul si on ne t'a rien fait, mais s'il t'est arrivé un certain nombre de malheurs tu as droit à la parole, tu es une victime, et c'est parti. À la limite, une expression me vient : malheur à ceux qui n'en ont pas.

LA DISTRIBUTION, C'EST LA CLEF

Je ne sais pas si le capitalisme mondialisé est devenu délinquant ; ce que je sais, c'est qu'il n'est pas maîtrisé. C'est différent. La non-maîtrise n'est pas obligatoirement la délinquance. On confond les petits chefs qui voudraient s'attaquer à cette machine qui a emporté tout le monde et les capitalistes brutalement confrontés à des marchés, à des évolutions qui n'étaient pas soupçonnables il y a des années. D'où des fortunes colossales créées en très peu de temps. Les Rockefeller, ce sont des minables par rapport aux fortunes actuelles. Ils n'avaient que cinquante puits de pétrole en Amérique, alors qu'aujourd'hui le plus grand épicier du monde est le maître parfait, c'est lui le mac ! Et il ne fabrique rien, il distribue. C'est extraordinaire ! C'est l'aptitude à distribuer qui a créé la fortune. D'ailleurs les vrais nouveaux riches, ce sont les possesseurs des Leclerc, les supermarchés. Ce sont eux les nouveaux riches, capables de distribuer. Ce sont ceux qui distribuent qui gagnent. Les seuls qui, philosophiquement, voulaient maîtriser le capitalisme furent les communistes. Sauf que les marxistes ont toujours été dans l'incapacité de distribuer. L'échec du marxisme, c'est ça. La Russie est capable de produire de quoi nourrir tout le monde, mais elle n'est pas capable de bien distribuer. Parce que distribuer, c'est devenu une industrie moderne. La distribution a énormément changé. Avant, il y avait vingt épiceries ; maintenant il n'y en a plus. La littérature ? Avant, il y avait des libraires avec qui on pouvait parler de livres. Aujourd'hui, il y a une émission de télé et hop, ça suit dans les rayons des supermarchés. Voilà qui a changé le monde. Si les auteurs ne font pas de télé, il y a fort à parier qu'ils ne vendront pas correctement leurs livres : il y a de moins en moins de libraires pour conseiller à leur clientèle tel ou tel ouvrage. C'est la distribution qui fait la loi sur les marchés. Ce sont ceux qui tiennent la distribution qui mettent la pression sur le monde. D'où la spéculation.

QUID DU BON SENS ?

Le bon sens a-t-il disparu ? Je crains que cela ne relève de l'évidence. Pourquoi ? Parce que beaucoup s'éloignent de la « nature ». Je m'explique : dans l'ensemble des systèmes naturels, il y a une cohérence. Pour un observateur même relativement ignare, la nature donne au quotidien des explications ou des démonstrations d'une certaine cohérence. Quand les pommes sont mûres, elles tombent par gravité. Quand il pleut, c'est mouillé. Or, nous ne sommes plus dans le réel du tout : on n'est plus jamais mouillé aujourd'hui. Lorsque j'étais jeune et qu'il pleuvait, si on n'avait pas d'imperméable... On ne voit plus personne avec des imperméables, ça n'existe presque plus. Le monde s'est protégé. Jadis, on avait tous des manteaux, on ne sortait pas sans manteau. Aujourd'hui les gens n'ont presque plus de manteaux. Ce sont des signes.

En fait, tout le monde aujourd'hui pense être à l'abri de tout ou pouvoir se fabriquer quelque chose qui l'éloigne de la réalité ou le protège de la réalité. Or, plus on s'éloigne de la réalité, plus on entre dans des systèmes, plus les individus perdent leur bon sens. Mais non, ça ne peut pas marcher dans ce sens-là ! Aujourd'hui, les réactions simples qui permettaient d'avoir un comportement qui s'alignait sur un certain nombre de réalités ont disparu puisqu'on a complètement éloigné ces réalités.

On se croit « à l'abri de tout ». On veut se mettre à l'abri de tout. C'est intéressant, comme idée. C'est-à-dire se protéger de tout, mais se protéger de quoi, au vrai ? De la vie ? De la vie, des accidents... Les compagnies d'assurances font fortune parce que tout le monde s'assure contre tout et ainsi de suite. C'est-à-dire que notre société a vu les déviances. Il y a eu le désir de l'assurance sociale, qui est quand même quelque chose de complètement génial, c'est une vraie ambition sociétale : qui que nous soyons, quoi que nous représentions dans la société, si nous sommes malades, nous sommes soignés — c'est formidable ! Voilà du sens. Ça a plus que du sens, c'est extraordinaire, c'est l'invention humaine qui fait que nous ne sommes pas répugnants. C'est le même hélicoptère qui vient te chercher au bord de l'autoroute que tu sois surendetté et chômeur ou que tu aies 1 milliard de dollars sur tes comptes.

C'est une vraie réussite intellectuelle, émotionnelle, une vraie réussite de notre société. Mais pour ce qui est du reste, mes coreligionnaires veulent se protéger de tout parce qu'ils ont peur de tout. À partir du moment où tu fais entrer le principe de précaution dans la Constitution, ça veut dire qu'il est interdit de pleuvoir si on n'a pas d'imper... Si tu n'es pas protégé, tu es en tort : comment se fait-il qu'il pleuve ? On n'a pas d'imper... Il ne devrait pas pleuvoir, pas à cette heure-ci, il doit pleuvoir quand on dort. Et ainsi de suite. Le monde s'est fabriqué à l'envers et ce montage à l'envers fait que les gens n'ont pas de sens et ont de moins en moins de bon sens.

Comment se fait-il que, pendant des années, la nature humaine ait mis le bon sens à la poubelle ? Comment se fait-il qu'on soit « gérés » par ceux (les plus nombreux) pour lesquels le bon sens n'est pas la vraie priorité ? C'est ça que je trouve très impressionnant. Toujours des idées à la con, superposées : il est apparu de bon ton, au nom de la liberté, de faire sauter les dictateurs en Libye ou je ne sais où encore sans réfléchir, au préalable, aux conséquences... et pour quel résultat ? Je le demande.

Mais qu'est-ce qui fait que le bon sens n'intéresse pas, ne soit pas au cœur de tout, qu'il n'y ait pas de concentrations intellectuelles qui seraient de bon sens ? Et de concentrations intellectuelles qui pourraient s'approcher de ce qui fait rêver l'homme et pas de ce qui le fait vivre ? C'est ça qui est très intéressant comme question. On vit avec du bon sens, on ne vit pas qu'avec des rêves... Et, de fait, on s'aperçoit que ce sont toujours les marchands de rêves qui gagnent. Pourquoi ? Comment se fait-il qu'il n'y ait pas de frein à cela, qu'on ne soit pas parvenus à mettre le holà à toutes ces exagérations, ces impossibilités ou ces croyances stupides ? Si les pays ont des dictateurs, c'est qu'en fait ça leur réussit assez bien. Ce n'est pas un accident politique, c'est la création d'un pays qui est fait à ce moment-là pour avoir ce type de gouvernement, c'est tout. Ce qui me sidère, c'est que le bon sens n'ait pas droit de cité, qu'on ne se pose pas la question de savoir comment, par quels moyens on pourrait au quotidien améliorer les choses ; plutôt que de vouloir tout faire exploser pour remplacer, bien souvent, par pire. C'est une question contemporaine, une question que les hommes doivent se poser. Quand les Américains font la guerre au tyran en Irak, c'est pour faire quoi ? Pour quel résultat, dans quel espoir ? Pour amener à chaque fois le pire. Le mieux est l'ennemi du bien : cette base de réflexion simple n'est pas d'usage en géopolitique. On rêve du sublime... Je pense à tous ceux qui mettent dans leur chambre un portrait de Che Guevara avec son béret à étoile, cet homme qui a fait tuer des centaines de gens et qui sourit... C'est quoi, ça ?

Notre idéologie a supplanté le bon sens. C'est très impressionnant quand même de voir que les Russes ont vécu soixante-dix ans de communisme. Pendant soixante-dix ans, le temps d'une vie (assez courte, certes), les gens qui ont vécu sous ce régime-là n'ont vécu que de la difficulté tragique. Et on trouve ça normal... C'est que l'idéologie a remplacé en partie la religion. Le communisme est une religion, avec des apôtres... Et ils en étaient même arrivés sous de Gaulle, dans les années 1948-1950 et surtout quand il est revenu, en 1958, à ce que le monde soit divisé : c'étaient soit les communistes, soit nous, comme ils disaient. À l'époque les communistes étaient hyper puissants. Aujourd'hui, il n'y en a plus, il en reste juste un en Asie... Comment le bon sens a-t-il fini, petit à petit, par être supplanté par l'utopie ?

On dirait que les petits marquis de la pensée ont réussi à donner au bon sens un tour négatif, plutôt même péjoratif, celui du bon sens paysan ; c'est-à-dire que c'est de la pensée de base, ça sert à rentrer les bêtes à l'étable, mais ça ne sert pas à diriger une vie.

Pendant des années, des intellectuels à la grande intelligence autoproclamée se sont répandus dans les colonnes de certains journaux ; toutes les semaines, ils sanctifiaient toutes les révolutions du monde et les Khmers rouges, trouvant magnifique le fait que Phnom Penh soit vidée par les troupes d'occupation... Personne n'a écrit qu'ils s'étaient trompés pendant cinquante ans ! C'est une honte complète ! Et tous ces trotskistes... Le monde a adopté la pensée foireuse. C'est le foireux qui a attiré les esprits, pas le bon sens. Le bon sens, c'est les paysans. Or, les paysans, ça sent l'étable. Je le dis : qui fait l'ange fait la bête... C'est de Blaise Pascal.

Le bon sens n'intéresse personne, il n'a pas de prophètes. Avec le bon sens, le nazisme n'existe pas et les doctrinaires politiques non plus. Avec le bon sens, l'ensemble des religions est considéré comme suspect.

C'est pour ça que j'ai vécu comme j'ai vécu. Je n'ai jamais adhéré à des clubs, à des groupes de pensée, parce que, finalement, je ne suis pas « adhérable ». De toute façon, le communautarisme quel qu'il soit, c'est le rejet de l'autre. Parce que la pensée d'UN, c'est forcément foireux, et la pensée de DIX, on est sûr que c'est complètement foireux ! Le principe de la communauté, c'est de rejeter l'autre communauté. Là ce n'est pas du bon sens, c'est le mauvais sens de la vie qu'on doit trouver belle car nous n'en avons pas d'autre. Je n'ai pas envie de partager quoi que ce soit avec n'importe quelle communauté. La raison est très cruelle, très dure, et aussi parfaitement logique. Mes coreligionnaires, s'ils pensent comme ils pensent, c'est que, pour la plupart, ils n'ont pas fait l'effort de penser autrement : ils ont délaissé la pensée pour adopter la croyance. C'est très différent. Comment peut-on survivre dans un monde pareil, si ce n'est en ne faisant que ce qui nous plaît ?

Souvent, j'entends parler, à la télé ou à la radio, et je remarque (il faut dire que c'est flagrant) que les paroles masquent des ambitions. On me propose 1 million de dollars par semaine pour être président de la République, je refuse... De toute façon, je ne veux pas habiter Paris ! Et puis je ne veux pas, ça ne m'intéresse pas, les honneurs ne m'intéressent pas, ce qui m'intéresse c'est la vie, pas le montage social complètement artificiel dans lequel on se rue, se vautre et se complaît. Pour rien au monde, le pouvoir...

FAIRE SENS

Il y a une autre expression qui fait florès depuis quelque temps : « Il faut que les choses fassent sens », « Ça, ça fait sens », ou « Je fais en sorte que ça fasse sens »... Ce sont des expressions de culturo-publicitaires, qui veulent à tout prix marquer... C'est la pensée molle qui remplace le vide, c'est tout. L'expression est très révélatrice. Normalement tout doit avoir du sens, et là, brutalement, quand ça a du sens, on le remarque... C'est extraordinaire, quand même ! Il pleut, vous sortez avec votre imper : ça fait sens. C'est hallucinant ! C'est comme si on relevait par l'expression même une absence de sens. C'est-à-dire que l'expression en elle-même, à force d'être employée, dit bien qu'il y a un manque, précisément un manque de sens – ou de bon sens.

Dès qu'il y a un problème, on se tourne vers les responsabilités, c'est la conjoncture. Ce sont les politiques qui nous ont inventé ça, la conjoncture. Ce n'est pas eux qui ratent, c'est l'époque qui fait que ce qu'ils font ne marche pas, c'est la faute des autres. La conjoncture est la façon moderne de pointer la culpabilité des autres. « Déresponsabilité » de l'échec : ce n'est pas de notre faute... Et en plus c'est un petit peu vrai pour plein de choses : le Covid a mis des millions de gens dans une position où « c'est à cause du Covid »... Ça correspond aussi au monde dans lequel on est, mondialisé : toutes les emmerdes de la planète, on les a. Elles s'arrêtent chez nous. Avant, nous n'avions que les nôtres ! Bien à nous. On avait sa disette personnelle, on avait sa grippe personnelle... Après 1900, 1914-1918, nous découvrons avec la grippe espagnole que les phénomènes peuvent venir des autres. Avant, c'était la lèpre qui ne remontait pas jusque chez nous, la peste qui pouvait ravager l'Europe d'une certaine façon, un mort sur trois, mais à ce moment-là c'étaient des signes, c'était Dieu qui frappait. Aujourd'hui on sait que Dieu ne frappe pas ou ne frappe plus... Et en face de tout ça, les croyances se sont modifiées, ce qui fait une espèce de confiture mentale dont le bon sens est complètement absent.

Le bon sens aurait été de ne pas fermer Fessenheim tant qu'on n'avait pas trouvé la façon de produire autant d'électricité d'une autre matière. Mais il fallait à tout prix s'empresser de donner satisfaction aux écolos et détruire Fessenheim. C'est exactement ça, l'absence de bon sens. Le bon sens, c'est : on va garder ce bout de ficelle parce que ça peut servir. Aujourd'hui il n'y a rien qui puisse servir, tout doit reproduire le rêve, l'ambition et la projection du monde idéal que quelques individus n'ont de cesse de nous « imprimer » dans le cerveau. Le bon sens a commencé à disparaître le jour où on a vu apparaître tous ces fameux futurologues, voués à une disparition mystérieuse, qui nous ont expliqué le monde dans trente ans. Dans les numéros de journaux comme *Le Point* d'il y a trente ans, on avait six pages dans lesquelles les « futurologues » nous expliquaient le monde : mais ça ne se passe pas du tout comme ils l'annonçaient. C'est ça qui est marrant.

LA PEUR

La peur : est-ce qu'aujourd'hui elle n'a pas pris une place considérable, plus considérable qu'avant ? À force de la mondialiser elle aussi, on a vu des bombes éclater partout sur la planète, et tout ça fait très peur.

Il faut avoir peur. Est-ce qu'on se rend compte qu'on a monté des systèmes qu'un seul dingue peut foutre en l'air... ? Un vrai dingue comme Hitler, on a mis beaucoup de temps, cinq ou six ans, à s'en débarrasser, et là on peut être en face d'un mec, mister Poutine, dont on n'arrive pas vraiment à se débarrasser et qui, en quelques minutes, peut tout faire péter. C'est terriblement complexe.

Avant, le relais était une sorte de communication mystérieuse, ton relais c'étaient tes parents, tes proches, tes amis : tu avais un moyen de jauger l'information. Tu savais que pour untel ce n'est jamais grave, pour l'autre c'est toujours grave. Tu avais une sorte d'analyse quotidienne de la qualité de tes sources. Si tu demandais à untel c'était grave, si tu demandais à un autre ce n'était pas grave, ça allait passer... Maintenant il y a toute la sauce Internet qui débite n'importe quoi, alimentée en permanence par des débiles mentaux, parce qu'il y a des imbéciles (un maximum) qui n'y connaissent rien sur Internet. Le *fake* ou la fausse idée circulent plus que jamais. C'est le réseau international ou mondialisé des gens qui savent tout sur tout et qui ont des idées sur tout, *surtout*. Et il n'y a que les crétins qui ont du temps à passer là-dessus. Le réseau est fourni colossalement en imbéciles complets.

La précipitation de l'évolution des techniques dans lesquelles on vit amène à relativiser beaucoup. Dans les années 1950, l'éducation que je recevais de mes parents était comme « indexée » sur celle qu'ils avaient reçue des leurs. Ils disaient par exemple : « Tu n'aurais jamais fait ça chez ton grand-père... » Il y avait la transmission d'une vision du monde qui aujourd'hui a complètement disparu. Et comme depuis mai 1968 on n'a plus éduqué les enfants... Nous, on était dressés, après on a commencé à éduquer et après on n'a plus éduqué du tout. En fait, plus personne n'a essayé de transmettre un peu de ce qui se faisait jadis... Je ne peux pas dire à mon fils : « Tu aurais fait ça devant tes grands-parents ? »

Il serait mort de rire. C'est comme si je lui disais : « À l'âge des cavernes, tu n'aurais pas pu faire ça. » C'est tellement loin... La transmission échoue parce qu'en fait les transmetteurs n'ont pas d'avis sur le monde qui les entoure. Le monde qui m'entoure, j'ai beaucoup de mal à en faire une synthèse, il fait naître davantage de points d'interrogation que de certitudes : il m'inspire une démonstration complète d'ignorance plutôt que de savoir. Comment voulez-vous qu'à l'intérieur de cette équation à plusieurs inconnues on puisse discerner le bon sens ?

Le monde entier est quand même suspendu aujourd'hui au désir d'un Poutine, chez lequel le bon sens est complètement absent. Il a « son » bon sens à lui ! C'est quand même assez effrayant, intellectuellement j'entends. Dans le monde d'aujourd'hui, faire une guerre pareille n'a pas de sens. Avant, on faisait des guerres pour l'avenir. Poutine disparu, la question reviendra comme avant. Donc, il fait la guerre pour quoi ? Et pour combien de temps ? Quinze ans, dix ans ?... On ne sait pas. C'est presque un massacre pour faire joli, on va repeindre en rouge les classes d'Ukraine, c'est tout. Ça n'a aucun sens. Avant, certains espéraient, Hitler rêvait d'un empire de deux mille ans, les empires romains ont duré deux mille cinq cents ans, les catholiques règnent depuis deux mille ans, ils ont une succursale dans chaque village mais ça commence à se vider de partout. Aujourd'hui personne ne fait un truc qui va durer dans le temps. Tout le monde a compris l'horloge moderne. L'horloge moderne ne tourne plus avec le bon sens ni dans le bon sens. Elle s'affole, c'est étourdissant de niaiserie. Avant, l'horloge moderne, qu'on le veuille ou non, tournait au rythme des saisons, c'est-à-dire que si on voulait des fraises, il fallait attendre le printemps. Aujourd'hui tu veux des fraises, il faut attendre l'avion, c'est tout. Le rapport au temps a disparu... J'aimais bien la formule de Mitterrand : « Il faut laisser du temps au temps » (c'est en fait une expression du poète Cervantes reprise à son compte par Mitterrand). C'est exactement ça : plus personne ne laisse du temps au temps. Et qu'est-ce que tu as à faire du bon sens, alors ? C'est tout, tout de suite. Si, à treize ans, ton ambition c'est d'être grand-mère, tout le monde trouve ça normal, mais il va quand même falloir que tu attendes d'avoir au moins quinze ans pour faire un enfant, puis qu'il grandisse et qu'il se reproduise... Tout le monde fait abstraction de tout pour développer des ambitions et des rêves incongrus. On est dans l'incongru complet. « Incongru », soit dit en passant, c'est un joli mot qu'on n'utilise plus beaucoup.

Dans le temps, l'éducation procédait d'une réflexion simple. Aujourd'hui l'éducation se fait sur proposition des publicitaires : avec quoi on va les faire rêver ? Au lieu de te faire évoluer dans le possible, on te tire en permanence vers l'idéal, ou du moins vers ce qui passe pour l'idéal ; on vit dans une sorte de surchauffe intellectuelle de promesses qui nous entourent et qui ne sont pas la réalité, et qu'on finit par prendre comme des cons pour la réalité. Voilà.

Tout ça n'a pas de sens. De plus en plus de choses n'ont pas de sens. Il ne peut plus y avoir de bon sens vu qu'il n'y a pas de sens. Que va être notre société dans huit mois ? Personne n'est capable de nous le dire. Mais aujourd'hui, c'est la première fois depuis longtemps que nos experts savent qu'ils ne sont pas capables de nous le dire. Aujourd'hui le futurologue ne peut rien faire... Il sait qu'on est en train de plonger, il ne sait pas si la piscine est pleine ou vide. C'est très moderne, très nouveau et assez terrible comme incertitude.

Avant, on allait se battre pour récupérer l'Alsace et la Lorraine. Ça correspondait à des liens, à des choses, à des rêves, à des privations. Aujourd'hui on se bat pour quoi ?

On a vu qu'en quelques minutes on pouvait remettre en cause le fragile équilibre du monde tel que nous l'avons connu ; ça prend très peu de temps. Maintenant, quand on dit que tout va vite, le type balance une bombinette nucléaire hors des frontières de l'Ukraine, tout s'enflamme. Il fout une bombinette en Pologne et c'est bon. On est loin du système en fait assez peinard de la guerre de Cent Ans !

Est-ce que ça ne veut pas dire aussi qu'on nous a quand même raconté des histoires ? Pas de guerre en Europe, l'Europe c'est la stabilité, la garantie qu'il n'y ait pas de guerre. Or, si Poutine veut foutre en l'air l'Europe, il le fait en quelques secondes. Il est 17 h 31, si le mec envoie une bombe en Pologne à 17 h 32 l'équilibre du monde a complètement chaviré. Donc on nous a raconté des conneries. On est entre le *wishful thinking* et l'ignorance. Personne n'est dans le réel. Et est-ce qu'il y a un réel, c'est tout le problème ? Est-ce que la nature humaine est capable de fabriquer un réel ? Non. Elle passe son temps à se caresser avec des rêves. Je parle notamment des rêves économiques. Allumez votre télévision, vous verrez le nombre de types qui sont en train de vous expliquer des choses qu'ils ignorent. Et aujourd'hui chacun sait que n'importe quoi peut nous tomber dessus... On a l'impression que l'on vient de le découvrir. Il y a des grands spécialistes qui auraient pu nous l'expliquer avant, non ? Le vrai souci, c'est qu'il était convenu que personne ne serait assez fou pour le faire. Ça, c'est une utopie. Et là, maintenant, tout le monde sait qu'il y a quelqu'un qui est assez fou pour le faire. Vu que ce qu'il fait est déjà fou, c'est excessivement emmerdant. Le cinglé

Poutine a pris possession de l'ambulance : je ne te dis pas le parcours !... Il traverse le monde, sirène hurlante, ne respectant pas les feux et tout le tintouin. Et les autres sont tellement crispés qu'ils ont perdu deux pointures. Le bon sens est une barrière à plein de choses, ça ne peut pas être à la mode.

NOTRE IMPUISSANCE FONDAMENTALE EST UN VIATIQUE

Ce qui est assez terrible quand même, quand on veut bien regarder le corps social auquel, de fait, on appartient d'une façon ou d'une autre, même si on s'en sépare souvent parce qu'on a une pensée divergente, c'est que les gens font ce qu'ils peuvent. Je n'adhère pas du tout aux thèses qui disent : « Il y a de la mauvaise volonté. » Il n'y a pas de volonté parfois, mais les gens font ce qu'ils peuvent. Alors que ça paraît évident que tout le monde ne peut pas sauter 1,70 mètre. Notre planète est remplie d'individus qui sont semblables mais pas similaires et qui ne font que ce qu'ils peuvent. L'histoire de nos vies, de nos rêves, c'est quand même le symbole de toujours, notre marque première, je veux ici parler de notre impuissance. Et l'impuissance de tout, en fait. À l'intérieur de systèmes, en fonction de ce que l'on a réussi à créer, on reste quand même très impuissants. Et on s'aperçoit que dans notre société qui se gargarise de son savoir, les gens ne sont égaux que par leur ignorance. C'est notre ignorance qui nous rend égaux. Le plus savant d'entre nous et le plus taré ont, au final, la même ignorance fondamentale, et elle est énorme. C'est très difficile dans cette espèce de « cahotage » qu'est la vie... On a ce que nous sommes, c'est-à-dire ce mélange de rêves et de chagrins qui fait notre personnalité. Et tout cela est brassé dans un énorme conglomérat qu'on appelle le peuple, le monde de la Terre, et survit tant bien que mal en fonction de ce que les individus peuvent accomplir ou non. C'est chaotique, complètement imparfait. C'est tellement imparfait que depuis des siècles il y a des idées qui tout à coup deviennent inflammables : les croisades ont enflammé l'Europe, les Arabes sont montés jusqu'à Poitiers, les Juifs ont été chassés d'Espagne, le monde a eu de tout temps des soubresauts hallucinants. C'est-à-dire que les gens ont validé l'effroyable : l'Allemagne tout à coup s'est mise à croire au nazisme et à l'empire de deux mille ans... C'est extraordinaire quand même de voir à quel point les gens ont pu adhérer à toutes les conneries qui leur ont été vendues. Ce qui n'est pas mon cas. Mais si on considère que le catholicisme est une connerie, on peut dire qu'elle est toujours en place... Et on a adhéré aussi à ça. C'est impressionnant : les gens adhèrent, l'esprit peut être capté, transformé, poussé et amené à adhérer à des choses aussi sidérantes que tout ça.

On n'a finalement pas appris à mieux penser pour éviter les drames. De toute façon, il ne faut pas se tromper : toutes les excitations de la nature humaine, c'est La Fontaine qui les a captées. *Les Grenouilles qui demandent un roi*, c'est la vie. En fait, la réalité est là : on n'arrivera jamais à rien changer tant qu'on n'aura pas changé ce qui doit être changé, qui est la nature humaine. C'est la nature humaine qu'il faut changer, pas les systèmes, puisque c'est la nature humaine qui produit tous ces systèmes les uns après les autres.

C'est la nature humaine qui a en elle à la fois le chagrin dont je parle, le bonheur dont je parle, mais aussi la jalousie, l'infatuation, l'amour-propre et par conséquent la revanche, et par conséquent la douleur. Tous les mecs qui nous vendent des régimes merveilleux sont des trous du cul, ce n'est que du mensonge. La justice est un rêve. Si on était égaux, on mourrait tous au bout d'un certain nombre d'années à la même heure, on aurait vécu des vies similaires et ce n'est pas le cas. C'est pour cette raison que tout ça n'a aucune logique en fait ; c'est-à-dire qu'on vit tous dans un schéma qui n'a aucun sens révélé et auquel tout le monde cherche à donner du sens, et le sens qu'on donne à tout ça n'est jamais le bon. Alors que le bon sens consiste justement à donner du sens aux choses simples, pas à donner du sens à des rêves. Le bon sens consiste à donner du sens à des actions, ce n'est pas pareil.

JADIS, LE TEMPS DU VOYAGE APPELAIT LE RÊVE

Il y a encore peu, ça faisait partie du voyage de le rêver. Le temps du voyage appelait le rêve. Ou le désir. C'est un peu la même chose. Mais les gens ne sont plus en voyage, ils sont en déplacement. Il y a cent ans, quand tu allais de Brest à Grignan ou quand, de Paris, tu allais à Brest, tu partais en voyage : tu partais, tu ne savais pas combien de temps tu allais mettre exactement, tu ne savais pas exactement quand tu allais revenir. Maintenant, tu es en déplacement : on part le 16, on arrive le 17, c'est le 21 h 16, c'est le 17 h 42... On a même la place : siège 1... Le voyage jadis était rare donc interrogatif, il ouvrait à la rêverie, à l'imaginaire, il en était par essence le fournisseur. Maintenant, que tu ailles à Bruxelles ou au Japon, c'est pareil. J'ai le sentiment que tout le monde est allé partout. Ils sont allés partout mais n'en ont pas le souvenir.

Quand tu les écoutes parler, les seuls souvenirs qu'ils ont : « Oui, c'est beau mais on n'a pas eu beau temps. » Ou alors : « Ah, c'était génial parce qu'il a fait très beau. » Mais qu'ils aillent à Palerme, à Lisbonne ou à Singapour, ils n'essaient pas de comprendre... Moi, si je vais quelque part, naturellement, je vais quand même me renseigner. Si je vais à Palerme, il y a une histoire, si je vais à Lisbonne il y a une histoire... Non, ils vont là-bas, ils regardent la mer, ils regardent le ciel, ils boivent des coups, ils reviennent et tu leur dis : « Mais Lisbonne, c'est quoi ? C'était quand même le centre d'un immense empire colonial, c'est la porte sur l'Atlantique, les grands navigateurs sont partis de là... » J'ai l'impression d'une acculturation, d'un manque de curiosité, parce que c'est tout, tout de suite.

Mais il n'y a pas que ça. Il y a aussi ceux qui prétendent voyager disent : « On a fait l'année dernière le Vietnam, cette année on fait la Zambie, l'année prochaine on fait le Colorado... » « On fait le... » C'est hallucinant, ça n'a rien à voir. Ils vont piquer aux quatre coins de monde ce que la pub leur a vendu de ces endroits, ce que la communication leur a vendu. « Malte en novembre, c'est vachement bien ! » C'est du déplacement.

Avant, comme le voyage était long, on était quand même un peu obligés de l'« intégrer », d'essayer de comprendre ou de savoir où on allait. Aujourd'hui, le déplacement, on peut l'annuler, et c'est hyper réversible : on arrive pour le vol de 18 h 40, ça nous déplaît, le lendemain matin à 9 h 30 c'est un autre avion qui nous ramène. Ce n'était pas du tout le cas il y a soixante ans ou soixante-dix ans.

Avant, pendant qu'on faisait le voyage, comme on avait le temps, on faisait aussi un voyage intérieur, on changeait au gré du parcours, on se réformait d'une certaine façon, on se transformait avec le paysage. Aujourd'hui, il n'y a plus le temps pour le voyage intérieur. C'est impossible de changer au gré de tous les parcours, d'adapter sa sensibilité aux événements, on ne fait que parcourir. Dans les années d'avant-guerre, même un peu après, en voyage on avait des compagnons de voyage. Aujourd'hui on a devant nous d'autres voyageurs, ça n'a rien à voir. Il n'y a plus de compagnons de voyage. C'est l'inverse : on vit sa solitude dans le transport. Les compagnons de voyage, ça permettait de distraire la monotonie du voyage. Aujourd'hui quand, dans l'avion, le voisin commence à parler, on n'a pas envie de l'entendre, on est là ou pour dormir ou pour lire tranquille... Avant encore, celui qui n'était pas parti posait des questions. Et alors, comment ça se passe... ? Aujourd'hui, quand on arrive à Abidjan, tout le monde sait comment ça se passe. Il n'y a plus de surprise. Et comme il n'y a plus de surprise à l'autre bout il n'y a pas de curiosité non plus. Tout paraît mouliné dans la même norme. Et, de fait, tout se normalise tellement que les choses deviennent de moins en moins différentes. À l'aéroport de Bruxelles on va manger *grosso modo* les mêmes choses qu'à Orly ou à Roissy. Alors qu'il y a quelques dizaines d'années, c'était davantage typé local.

Il n'y a même plus d'hôtels typiques : il y a plein d'endroits dans le monde où l'hôtel est le même. On ne sait pas si nous sommes à Bali, à Tahiti... La norme s'est répandue, et c'est pareil pour la nourriture. Dans les années 1953-1954, je me rappelle, j'étais à Santander, à Sardinero, qui était le quartier plage de Santander : sur la plage se vendaient des chips, mais des chips du coin, et des gaufres avec de la cannelle. Aujourd'hui ce sont les chips Lay's qui vont prendre la place. Tu les trouves en Angleterre, partout en Europe. Et comme les particularismes s'atténuent, les voyages perdent en intensité... En fait, que l'on soit à Bruxelles ou à Paris, c'est la même chose. Sauf si l'on recherche à toute force le typique de Bruxelles ou le typique de Paris. Si, à Bruxelles, on recherche un bistrot qui ressemble à *L'Ami Louis*, on ne va pas le trouver.

Je me demande d'où vient cette volonté humaine et sociale, volonté unilatérale, de ne plus se distinguer.

Les gens se trimballent toujours autour de ce qu'ils connaissent, pas de ce qu'ils ignorent, voilà une règle qu'il s'agit de garder en tête. Pour eux le bon goût est celui qu'ils ont « pris » petits. Il n'y a pas meilleur que la cuisine de maman. Quand maman ne cuisine plus, il n'y a pas meilleur que le plat préparé que maman a déballé. C'est pareil. Et je constate dans les restaurants à Paris qu'il y a mille plats qui disparaissent. C'est très compliqué de trouver une blanquette de veau. C'est quasiment impossible. Ça disparaît parce que ceux qui ont quarante ans aujourd'hui ou moins de cinquante ans se sont « libérés », leurs parents étaient des soixante-huitards et ils n'ont rien enseigné aux enfants. Les femmes arrêtent de faire la cuisine puisqu'elles travaillent toutes pour être libres. Donc la tradition culinaire familiale s'efface, il n'y a que quelques grands-mères au quotidien qui la perpétuent. Les quarantenaires n'ont aucune idée de ce qu'est une blanquette. Aucune. Même la génération de mon fils ne sait pas ce qu'est une blanquette. Il n'a jamais goûté cet assaisonnement de la viande avec ce goût de citron et du riz et tout ça. Avec un clou de girofle ! Ils n'ont jamais goûté de curry dans lequel il y a de la noix de muscade. Ils ne connaissent pas. Les gens collent à leurs habitudes et quand ils voyagent ils sont complètement handicapés. À Naples, on voit régulièrement des Anglais ou des Américains qui vont aller « déguster » des hamburgers, c'est le code qui permet à tout le monde de se retrouver. Avec le hamburger, sauf s'il n'est pas bon, on n'est jamais très loin d'un truc habituel. Le touriste a le choix entre une pizza et un hamburger, il va prendre le hamburger ; ainsi, il ne va pas être très dépaysé de sa culture et de ses goûts. C'est le monde d'aujourd'hui. Et il y a un envahissement de la bouffe : ce n'est pas celle du Nord qui envahit le Sud, c'est la bouffe du Sud qui envahit le Nord. Sauf pour le hamburger, qui, lui, a envahi le monde entier. Il n'y avait pas de pizzas, quand nous étions petits. La première fois que j'en ai mangé une ce n'était même pas de la pizza, c'était de la pissaladière qu'on mettait à toutes les sauces : on mangeait du local. La crêpe, c'était en Bretagne, on ne trouvait pas des crêperies à tous les coins de rue. On mange de tout partout et quelle que soit la saison aussi. Je me souviens que notre mère nous disait : « Dépêchez-vous, ce sont les dernières fraises. » Comme les asperges : « Il n'y en aura bientôt plus... » Aujourd'hui, on dispose d'asperges ou de fraises tout le temps. Ça a aussi beaucoup modifié les habitudes alimentaires et conditionné les choix. Avant, on se disait : « L'époque des fraises arrive, on va se régaler... » Déjà les premières, on était content. Et là, personne n'est étonné de voir les barquettes d'Israël ou d'ailleurs... Et les goûts ont beaucoup changé aussi. Ça ne fabrique pas du merveilleux. Je disais souvent en plaisantant : « J'espère que le plastique ne va pas changer pour que mon fils puisse retrouver les goûts de la cuisine de son enfance ! » C'est ça... De toute façon, les goûts que j'ai connus dans mon enfance ont disparu... Fini. En Bretagne, pour le blé, on fait du 80 quintaux à l'hectare alors que quand j'avais douze ans on en faisait 29, et le blé n'était pas le même, on avait besoin de paille pour faire la litière des vaches ou autres, et aujourd'hui on n'a plus besoin de paille alors on fait des blés avec des tiges hyper courtes..., Et tout est comme ça. En Bretagne toujours, il n'y avait jamais de maïs, et là il y a des vaches et du maïs ; dans le temps, on broyait la lande pour les nourrir. Les aliments, les goûts ne sont plus les mêmes du tout. Tout le monde le voit bien : un œuf de ferme et un œuf industriel, ce n'est pas le même produit. Ça s'appelle « œuf », pareil, pourtant. Ces goûts ont été normalisés. On ne peut plus faire de crêpes qui ont le goût de crêpes qu'on faisait à la maison : le lait n'est plus le même, le beurre n'est plus le même, la farine n'est pas la même... Qu'est-ce qu'il reste ? Rien n'est identique. On peut faire la recette mais le goût du produit n'est plus le même, c'est tout. Et c'est comme ça partout, partout. Entre le porc élevé dans une ferme avec des déchets, avec une bouffe assez variée et tout le tintouin, des pommes de terre, des légumes, et le porc élevé en batterie avec des farines animales, il y a une énorme différence. Le porc que j'ai connu n'était pas piqué pour empêcher les maladies avant, il n'y avait jamais d'antibiotiques.

On ne peut plus aller dans la campagne sans entendre un moteur quelque part : quelqu'un qui tond, une voiture qui passe, un avion au-dessus. Où que je sois, j'entends un moteur. La bande-son que j'avais enfant... Quand j'entendais un moteur, je savais qui c'était.

Tout le monde parle de pollution chimique, mais on ne parle pas de pollution sonore. On ne parle pas de la pollution lumineuse, qui est une sorte de monstruosité qui éclaire la planète nuit et jour : toute la vie nocturne est entièrement polluée par cet éclairage inutile, qui ne sert à rien, qui éclaire la nuit... Et une partie importante de l'éclairage public éclaire quoi ? Les animaux, comment font-ils maintenant ? Les animaux de nuit sont devenus des animaux de jour ? Ça n'a aucun sens. De toute façon la nuit et le noir sont tels qu'aujourd'hui dans les campagnes un peu reculées, quand il n'y a pas de lumière, tu as très peu de risques que des rôdeurs des villes viennent... Ils ne sont pas armés contre l'obscurité, ils n'ont vécu que dans la lumière. Ils n'ont jamais vécu dans le noir.

Moi, je l'ai vécu, j'ai vécu dans le noir avec les bateaux, on n'éclairait pas la nuit pour voir. J'ai l'habitude. Très souvent je me déplace la nuit sans lampe, alors que les gens ne se déplacent qu'avec des lampes. Ils n'imaginent pas qu'on voit la nuit. Mais on voit très bien, la nuit. La couleur que l'on voit le mieux la nuit, c'est le noir, évidemment. Plus c'est noir, plus c'est clair... Les gens ne savent pas ça. C'est une grosse bascule. Plus personne n'imagine...

Autrefois, quand on avait les phares sur les vélos, c'était plus pour être vu que pour voir. La petite dynamo qui frottait sur le pneu... Ça n'éclairait pas vraiment mais ça montrait qu'on était là.

C'est la gestion du quotidien qui a tellement évolué, par la facilité des choses. On ne pense plus qu'à travers la technique...

Et ça a changé les mœurs, aussi : « Je suis à Paris, je vais à Brest, je rentre ce soir... » C'était infaisable avant avec le chemin de fer, ça mettait douze heures, avec des locomotives à vapeur. C'est tout ça qui a changé le monde. Donc les goûts et les connaissances n'ont fait que s'adapter aux changements qui permettaient de circuler plus vite et différemment.

La vitesse. Le monde va très vite, les infos, tout tombe... Est-ce qu'elle apporte quelque chose, la vitesse ? Elle apporte quelque chose dans les échanges économiques, est-ce qu'elle a un impact sur nos vies ? Je ne crois pas. Enfin. Oui et non. C'est-à-dire que grâce à elle on peut faire plusieurs choses dans la journée. Le portable, c'est la vitesse de communication, ça permet quand même de régler dix-neuf trucs que l'on n'aurait pas réglés autrement.

Oui, mais quel est l'intérêt ? On n'a qu'une vie. Pourquoi la remplir en faisant un maximum de choses ? D'ailleurs c'est tellement vrai que j'ai choisi un métier qui est complètement archaïque. Mais même ça, ça a beaucoup changé. Avant il fallait que je calcule pour savoir où j'étais. Mais ces trente dernières années ont complètement bousculé ce monde aussi. D'un autre côté, c'est extraordinaire que tant de choses soient devenues accessibles. Je prends un exemple. Quand j'étais gosse, les gens racontaient des carabistouilles. À propos du Citroën 15, certains disaient : « Il paraît que les Américains vont en acheter pour la police. » Ça ne s'est jamais fait... C'est dire qu'il circulait des rumeurs et des bruits complètement infondés, et aujourd'hui il y a des *fake news* mais il n'y a pas de rumeurs infondées... Si on est un peu intelligent, on peut fouiller et vérifier tout de suite si c'est vrai ou pas vrai.

Ce n'est pas parce qu'on ne comprend plus qu'il n'y a pas à comprendre. Nos cerveaux vieillissants – je parle pour moi – ne retrouvent plus leurs marques dans un monde où les gens de vingt ans ont, en revanche, parfaitement les leurs et leurs croyances... Aujourd'hui, ce sont eux qui ont le manche ! Et c'est bien ainsi. Tant mieux.

GÉOPOLITIQUE

La seule chose que j'ai trouvée intéressante dans le droit – j'ai fait des études de droit (mais je ne suis jamais allé à la fac) –, c'est ce qu'il fait *transpirer* d'une société. C'est pour ça que les droits des pays sont intéressants : on ne ferait pas vivre les Bretons sous le droit britannique. Or, l'ensemble de la population britannique vit très bien sous le droit britannique. L'ensemble de la population française vit très bien sous le droit français. C'est incroyable ! Parce que le droit, en fait, c'est ce qui « rythme » une société, et il change en fonction de la transformation de la société avec une trentaine d'années de retard. Ça correspond à l'esprit profond de ces sociétés. L'esprit profond de la société américaine, c'est le droit d'avoir un flingue ; on ne peut imaginer d'essayer de faire sauter le droit d'avoir un revolver en Amérique... En Amérique, les gens se méfient, ils font confiance à l'État de façon limitée, et ils savent qu'en cas de faillite de l'État il va leur falloir reprendre la main. Donc ils veulent être armés comme l'État est armé. En Angleterre, pendant des années, l'État n'a pas été armé : il y a encore vingt ans, les policiers anglais n'avaient jamais de flingue. Imaginons un peu ce que ça pouvait donner dans l'esprit des Britanniques quand ils étaient arrêtés : personne ne sortait son arme. Quand tu étais arrêté, c'était plouf ! chat perché, chat perdu. C'est encore un autre comportement social qui est très différent entre leur pays et le nôtre. C'est intéressant de regarder ces mondes, comment ils fonctionnent, comment ils réagissent. Il n'y a rien de spontané.

Les États du Nord ont conservé les royautés : le Royaume-Uni, la Hollande, la Belgique, le Danemark, la Suède... Parmi ceux qui l'ont virée, il y a les Allemands, les Italiens et nous. Les Espagnols en ont une aussi : Franco l'a recréée avant sa disparition. C'est quand même étonnant de voir tout ça. Ce ne sont pas des hasards, pas des bizarreries, c'est juste que certains esprits sont aptes à gérer une certaine forme de gouvernement et les autres une forme différente. Et cette conformation des esprits se fait par l'éducation mais aussi par la sensibilité. En France, tu fais des cartons avec *Jacquou le Croquant*...

Chez nous, on construit des mémoriaux pour rassurer ceux qui ont subi l'esclavage il y a quatre cents ans, mais on oublie les gens qui ont été massacrés systématiquement au nom de leur religion ou de leur refus d'adhésion républicaine. Ce sont les Français qui ont inventé la mise à mort de ceux qui ne sont pas d'accord avec eux avec la Révolution française en Vendée. La Révolution française a consisté à tuer tous les gens et à brûler les églises de Vendée. En Vendée, il n'y a pas une église ancienne : les églises (et les villages) ont brûlé et les habitants ont été massacrés par la belle armée révolutionnaire française, qui ne supporte pas qu'on ne soit pas d'accord avec elle. C'est incroyable, et on n'en parle plus ! Dans les livres de classe, c'est de l'histoire truquée. Les Français sont des truqueurs de tout. La Résistance : presque personne n'a résisté. La preuve, on connaît presque tous les noms des résistants. Quand tu réfléchis, quand même, tu te dis : qui il y avait ? Il y avait untel, untel, untel, c'est tout. Les autres ont collaboré comme des vaches. C'est la France. Tout est petit. Pierre Dac disait : « Sous l'Occupation, les Français ont résisté pendant quatre ans à faire de la résistance. »

Quand Mao Tsé-toung est à la tête de la Chine et qu'il veut la modifier, la réformer, la révolutionner (pour être dans le ton), il s'aperçoit que ce pays a faim et que toute une partie des récoltes est bouffée par les oiseaux. Résultat : la Chine attaque tous les oiseaux (l'idée est grandiose !). Tous les oiseaux étant massacrés, la récolte de l'année d'après est dramatique parce que chenilles, insectes, doryphores ont proliféré, ça crée une grande famine dans laquelle 63 ou 64 millions de Chinois meurent. La Chine, héritière de Mao Tsé-toung, a toujours été un empire fermé. La Grande Muraille de Chine matérialise un idéal de non-ingérence de l'extérieur sur la Chine. Au XVIIe siècle, l'empereur chinois réunit tous les marins et tous les amiraux de sa flotte et, en fait, il les fait tous tuer pour qu'on arrête d'aller partout dans le monde et que les Chinois restent en Chine. Ce pays a été fermé et il est apte, pour des raisons culturelles, à gérer cette fermeture.

RETOUR SUR SOI

J'ai manié ma vie, d'une certaine façon, retiré du monde. À l'écart, aparté. J'ai vécu dans l'univers que je me suis inventé en faisant du yachting. Je me suis donc fait une vie dans laquelle je n'ai jamais *voulu*... Je me suis inventé un monde et j'y ai cru ! Et je me disais qu'il ne faut pas se mêler des histoires des hommes : ils sont lourds et ça n'a aucun intérêt. Si tu veux avoir une belle vie, il faut te contenter de ce que la vie t'apporte de magnifique. Savoir se contenter de ce que l'on a n'est pas vulgaire, tant s'en faut ! En plus, si tu commences à faire campagne contre les choses, tu t'infliges une double peine : puisque tu as vu que ça n'allait pas, toute la journée tu répètes que ça ne va pas, pour observer que ça ne va pas et ressasser que ça ne va pas, et tu finis par avoir une vie ennuyeuse à souhait.

En fait, ou tu t'intéresses à ce qui ne va pas ou tu t'intéresses à ce qui va, et j'ai pensé que c'était plus malin de s'intéresser à ce qui fonctionne. C'est pour ça que ma vie a une tournure positive. Pour autant, je n'ai rien d'un optimiste aveugle, béat. Ma lucidité m'en préserve. Ou, si l'on préfère, mon rapport luxueux au réel. J'ai davantage de passions que d'illusions.

CROYANCE : IL N'EXISTE PLUS QUE L'HUMANITÉ ÉLECTRONIQUE DE LA VIE APPARENTE

De toute façon, la régression est la seule voie possible, à tous points de vue. Pendant des années, pour des raisons mystérieuses, l'ensemble du monde a été tenu par des choses qu'on peut sans doute considérer comme absurdes, les religions, les croyances (étant entendu que je n'ai aucune certitude là-dessus), et tout cela a disparu, au profit d'une sorte de bien-être ; en fait les fantômes n'existent plus, il n'existe que l'humanité électronique de la vie apparente. Prenez le virus : voilà un vrai truc biologique réel. On n'est plus à même de le supporter. Le phénomène de responsabilité face à tout ce qui se passe est excessivement partagé : nous sommes responsables, aussi. L'imposture, on l'a laissée s'établir parce qu'on n'en avait rien à faire : on est donc responsables de cette histoire. Cette Terre qui devient ce qu'elle est, c'est la faute à nous et à personne d'autre. La pandémie met en échec tout ce que nous avions produit comme génie pour que ça marche. C'est quand même incroyable ! Par contre, la médecine fait des progrès énormes, on soigne et on guérit de plus en plus de cancers, on récupère les prématurés et on les met en couveuse, on fait des miracles tous les jours, et un beau matin on tombe sur un bidule et on ne sait pas comment faire ! C'est-à-dire que la pandémie nous met au pied de nos impuissances... C'est une réalité. Ce qu'il y a de réel chez l'homme, c'est l'impuissance, ce n'est ni le rêve ni les capacités. Pourquoi les hommes sont égaux ? Ils ne sont pas égaux au nom d'idées à la con. Ils sont égaux parce qu'entre le plus doué d'entre nous et le plus taré d'entre nous, les ignorances sont similaires.

On ne sait rien de nous : on ne sait ni quand on naît ni quand on meurt, on ne sait pas où on va... C'est ainsi que nous sommes biologiquement, complètement égaux. Nous ne sommes pas égaux par principe. On est égaux parce que nos impuissances nous rassemblent et nos ignorances aussi. Il est donc parfaitement inutile et même idiot de fanfaronner. Quand j'évoque nos impuissances, je ne parle pas d'une hypothèse mais bien d'un axiome !

Je n'aime pas, justement, le côté égalisateur. Le mot « égal » m'ennuie, il est très vulgaire, il appartient à la Révolution où le niveau de pensée était nul. Une révolution ça ne pense pas, ça exige. C'est en ça que les révolutionnaires sont stupides – de fait, ils n'imaginent jamais qu'un jour ou l'autre ils se feront couper la tête, qu'ils subiront le même régime que celui qu'ils ont imposé aux autres. Ce n'est pas l'égalité devant la mort dont nous devrions parler, mais de l'humilité devant la mort. C'est très, très différent. En d'autres termes : tout ce qui est revendiqué et n'est pas humble est absurde. L'égalité va naître de l'humilité. Pour peu qu'elle naisse.

Personne ne sait ce qui se passe après la mort, alors que c'est quand même un truc qui arrive à tout le monde depuis des millions d'années. Curieusement, nous ne sommes avertis de rien. Néant. L'inconnu. L'infini. Le gouffre. C'est quand même intéressant de s'interroger – et, sur ce point, je ne suis pas le premier ! C'est ça qui est formidable ! Et dans la maladie on est égaux. Il faut relire Bossuet parlant de la mort. Après la mort, on ne sait pas s'il n'y a rien. Parce qu'à un moment donné on s'aperçoit quand même que dans l'essence même de nos vies, dans leur tissu, il se dégage l'esprit et une force incroyable par instants, et on peut se demander s'il n'y a pas, dans ces instants-là, une prise de pouvoir de l'esprit sur la matière. Sinon, ça va, ça s'arrête... On n'a quand même aucune réponse. Ça a commencé quand ? C'est la réponse du scientifique à la mie de pain. Puisqu'on n'est que des atomes, il est où, l'atome de l'amour ? Mais non, nous ne sommes pas que des atomes. Si nous n'étions que des atomes, tout serait simple. Trop simple. Mais rien ne l'est. Ça se saurait !

Où suis-je si je ne suis pas un atome ? Ce n'est pas une question de « où ». Puisqu'on ne sait même pas où sont le où et le quand. On ne sait même pas comment on se situe vis-à-vis de l'univers. Dès qu'on envoie une sonde, elle marche pendant des dizaines d'années et au bout du compte elle découvre des mondes qu'on ne soupçonne pas. On est entouré de l'infini et on ne sait même pas intellectuellement ce que c'est que l'infini. Ça fait des siècles que, tous les quinze jours, il y en a un qui t'explique le monde, et il t'explique le monde comme il t'explique le reste. Notre monde est essentiellement composé de ceux qui n'ont pas compris. La mort laisse des traces des gens qu'on a aimés chez nous, dans nos cœurs. Dans tous les pays du monde, dans toutes les cultures même, les rituels de mort sont codifiés : on ensevelit, on ne laisse pas pourrir dehors. La nature humaine, inconsciemment, prolonge dans tous les pays du monde la croyance de la vie d'après. Je ne dis pas qu'il y en a une, je ne dis pas qu'il n'y en a pas, je dis qu'on ne sait pas. De même que personne ne peut me démontrer que Dieu existe, il n'y a personne pour démontrer qu'Il n'existe pas. C'est ça qui est intéressant en fait, parce que c'est aussi l'extraordinaire limite psychologique qui est la nôtre. C'est encore notre limite émotionnelle. C'est peut-être *surtout* notre limite émotionnelle qui en dit long sur la façon que nous avons d'appréhender la vie.

Dans nos vies, justement, l'ensemble du monde connaît des choses excellentes, logiques ; il y a un génie humain. Le génie humain n'est pas déposé quelque part, mais il appartient à un univers qui nous échappe... Alors que biologiquement nous venons tous d'une poussière d'étoiles. On peut ne pas croire à un autre monde, d'ailleurs, mais qu'est-ce qui permet de dire que ça n'existe pas ? Rien. Après, on dit : « Vous dites ça pour vous rassurer. » Non, je ne dis pas ça pour me rassurer. Je me questionne comme chacun d'entre nous. Je tente de percer un mystère même si je suis assez lucide pour comprendre que mon entreprise est vaine.

Pourquoi y a-t-il des endroits (chacun en a connu) qui sont comme bénis des dieux alors, qu'à l'inverse, d'autres sentent la mort ? Pourquoi y a-t-il des lieux qui sont essentiellement maudits sur la Terre ? Où il s'est passé des choses inhumaines, affreuses, il y a très longtemps, des gens qu'on a tués, où des fantômes rôdent... Je pense à Dachau.

Il y a le bonheur et le mal, et j'ai l'impression que le bonheur et le malin cohabitent difficilement dans la pierre.

Je suis croyant, c'est vachement pratique. Je ne vais pas me priver d'un machin qui est pratique. Et j'aime bien cette idée des religions. Les religions proposent des trucs incohérents (quelles qu'elles soient d'ailleurs), elles fabriquent des interdits, certes, mais elles proposent quand même à chacun de fournir un effort pour être un peu moins bête ou moins médiocre. C'est l'utilité des religions : elles te proposent d'aller dans un certain sens... enfin au début – d'aller vers un but où la condition de l'homme s'améliorerait. On a évidemment, à travers ça, au fil des siècles passés, des schémas d'exagération, les guerres de Religion et tout le tintouin, mais d'un autre côté ça édifie les cathédrales, et effectivement des propositions pour les gens. On sent qu'il y a autre chose que le matériel... Cette sensation a son poids. Elle peut modifier des parcours, infléchir la course d'une vie.

Je ne suis pas tellement pour une autre vie après. À titre personnel, quand je pense à mes morts, je ne me dis pas que je pourrais, d'une certaine façon, les revoir. Alors, pourquoi on enterre, pourquoi on regrette, pourquoi on pleure, pourquoi... ? Si le rite funéraire est si répandu, c'est qu'on perd de l'indicible, mais cet indicible, on sait qu'il n'est pas complètement perdu malgré tout et qu'il y a quelque chose qui fait que ce n'est pas tout à fait foutu. C'est ça qui me trouble le plus.

Revoir ses morts, c'est ce que promet l'ensemble des religions. Tout le monde te parle de paradis, c'est complètement faux, mais c'est peut-être complètement vrai... Et si ce qu'il y a de désespérant dans notre monde ne l'était pas définitivement, *ad vitam aeternam* ? Et il y a une autre chose assez étonnante : pourquoi les individus vivent-ils dans le souvenir ? Pourquoi au moment de la Toussaint, nombre de mes coreligionnaires se déplacent-ils sur la tombe de leurs morts ? Quel est ce lien avec les disparus que l'on entretient presque malgré nous ? Il semble qu'ils nous tapent sur l'épaule chaque 1er novembre, qui est un des jours les plus meurtriers de l'année. Les lieux gardent les traces de leurs occupants, sous forme d'émotions. Je suis allé place Saint-Pierre, un soir, il y a trente-cinq ans. J'étais seul mais il y avait dans ce centre du monde des vibrations assez étonnantes, qui ne sont pas que le fruit de mon imagination. C'était assez saisissant.

Je crois aux fantômes. Certains appellent les êtres qui n'arrivent pas à croire à ça des « esprits forts ». Mais les esprits forts le sont combien de temps ?

Même si je suis un pragmatique cartésien, j'ai de la place pour quelque chose qui me semble complètement irréel. De la place pour la spiritualité, si l'on veut. J'ai cette capacité d'abstraction. De toute façon, ce qui est important dans notre vie n'est pas cartésien. Rien de ce qui est important dans ta vie n'est cartésien. Rien. Ce qui est cartésien, c'est la secrétaire, le minibus... mais le reste n'est pas cartésien. La femme que tu aimes, ce n'est pas cartésien, les enfants que tu as, ce n'est pas cartésien, il n'y a rien de cartésien. Ce qui est important, c'est ce qui n'est pas cartésien, ça c'est sûr. Alors pourquoi se gargariser du cartésianisme pour dire qu'on a tout pensé ; ça signifie qu'il n'y a rien eu d'important ? Les gens que tu as aimés, ça ne compte pas ? La femme que tu as choisie, pareil ? Ce n'est pas vrai. Bon, il faut redescendre sur le réel, quand même : le cartésianisme, ça sert à trouver une pharmacie, à acheter une bagnole, ça ne sert pas à penser.

Il m'est arrivé un paquet de fois de débarquer quelque part et de me sauver immédiatement. Quand un endroit est malsain, je le sens. Je dis ça mais je n'ai rien à vendre. À partir du moment où l'on est persuadé que ce qui est important n'est pas cartésien, le regard que l'on pose sur le monde n'est plus le même. Obligé d'en convenir. Voilà pourquoi il faut regarder les choses avec beaucoup de circonspection, et j'y reviens, d'humilité. Je ne suis pas du tout partisan des trucs comme les gourous, les fausses valeurs, mais on ne peut pas accepter de réfléchir en pensant que tout est arrêté, carré, figé, inscrit dans le marbre. Il s'agit d'admettre un rapport entre l'intelligence pure et ce que j'appelle l'« intelligence émotionnelle ». Le génie, c'est quand les gens ont une intelligence émotionnelle supérieure. Ce n'est pas le QI qui permet de faire le lien entre ce que tout le raisonnement cartésien apporte et le reste : à ce moment-là, ça s'appelle l'« intuition ». Les gens disent : l'« intuition de génie ». Bien sûr, le génie, c'est là, dans ce segment, cet « intervalle » secret. C'est quand le raisonnement et l'analyse ont rempli 80 % de la case et vont passer à 100 %, et que ça va recréer la partie manquante au raisonnement.

On ne peut pas regarder le monde sans penser que tout ce qui aura été important dans la vie est tout sauf rationnel. Se pose quand même une grosse question sur ce que l'on est, ce que l'on souffre, ce qui nous rend heureux et ce qu'on devient. C'est vrai qu'il est très difficile intellectuellement d'admettre que tout ce qui a été la machine (le corps) va à la poubelle. Le corps va à la poubelle, c'est un peu normal, mais que le reste aussi... l'esprit... quelque chose de l'esprit, comme si l'esprit soufflait... À la Pentecôte, chez les catholiques, quand Jésus redescend sur terre, il souffle sur les esprits des apôtres. Et le Verbe qui s'est fait chair : c'est extraordinaire, quand même ! C'est la parole qui devient réalité... Le naturel des religions (je veux parler de leur vrai nature), c'est assez étonnant... en dépit des gens qui s'en servent. C'est ça le vrai problème !

Le religieux n'est pas quelque chose de superficiel. Dans la génération de mes parents, le religieux n'était pas perçu comme quelque chose de superficiel ; ça l'est complètement devenu.

La bonne religion, c'est celle qu'on a, ce n'est pas celle des autres, qui est fausse. C'est le religieux qui est intéressant, pas la religion. C'est l'idée que l'esprit et l'âme peuvent avoir une durée de vie différente de celle du corps. Puisque la pensée est supérieure à la chair. La preuve, c'est que la pensée se transmet ; la chair aussi se transmet si tu as un bon congélateur, mais pas longtemps. C'est vrai. La pensée se transmet, et ce qui fut pensé jadis nous est accessible. Voilà qui est sidérant.

On ne peut jamais décider qu'on va aimer quelqu'un, l'amour n'est pas quelque chose qui se décide, et tu ne peux pas non plus décider de ne plus aimer quelqu'un. Impressionnant phénomène : qu'on le veuille ou non, c'est une partie importante de nos vies, je parle tant de l'amour reçu que de l'amour qu'on n'a pas eu. Les deux sont des éléments déterminants de ce que l'on va devenir. C'est ça aussi qu'il est intéressant de *penser*. Chaque femme et chaque homme est façonné à partir d'un trop-aimé ou d'un mal-aimé. La revendication de l'être humain, c'est depuis tout enfant « vouloir être aimé » : c'est complètement idiot, par ailleurs. Mais c'est ainsi. Trop... pas assez... mal, la messe est dite !

Est-ce que notre cerveau va suffisamment évoluer pour qu'un jour on puisse avoir accès à la notion d'infini ? Le jour où notre cerveau sera capable de comprendre ce qu'est l'infini, on aura résolu tous les problèmes de l'homme. Nous réfléchissons quand même avec des données très faibles... Notre impuissance devant la pandémie n'est rien devant notre impuissance devant le monde qui nous entoure, l'amour, la mort, la coiffure et toutes les choses importantes... Cette pandémie est un révélateur sur tous les sujets importants de notre vie. Ça remet tout en question. C'est-à-dire que brutalement tous nos contemporains se trouvent enfermés chez eux et se disent : « Je vais mourir. » Donc ils regardent leurs enfants avec tendresse...

De même que le feu de la Saint-Jean annonce le jour le plus long de l'année, l'incendie de Notre-Dame annonçait un changement que personne n'a vu arriver. Quelle était la signification de cette cathédrale qui brûlait ? Quel était le sens ? Je n'ai pas de réponse.

La tendance de l'homme a toujours été de penser ou de vouloir penser que ce qui n'était qu'un cas expliqué était la vérité. Mais on ne peut quand même expliquer que ce que l'on découvre. Et derrière tout ça, il y a plein d'autres choses qu'on ne peut pas expliquer parce qu'on ne les a même pas découvertes. Comment se fait-il que l'on parvienne à sentir la présence plus ou moins réelle de gens qui ont disparu, qui sont près de nous, comme dans la pièce, à regarder par-dessus notre épaule lorsque nous écrivons ? Ça... quand même. C'est quoi ? Ce n'est pas de l'autosuggestion ! L'autosuggestion, c'est quand tu désires. Alors pourquoi quand tu ne désires rien ça arrive ? C'est dû à quoi ? Il y a toute une part de nous, entre ce qu'on est, ce qu'on a perdu, qu'on pleure, ce qui nous fait vibrer, qui nous est inconnue : le niveau d'expérimentation est parfaitement limité, notre champ de compréhension de ces phénomènes est fort étroit, nos croyances sont limitées. Tout cela est d'ailleurs largement exploité par des charlatans.

LE TEMPS, C'EST DE LA MER

Tout le monde se croit immortel. Les jeunes sont tous immortels dans leur tête. Je pense que ceux qui n'ont pas pris de risques dans la vie ne sont pas tout à fait finis. Je me méfie, en somme, beaucoup de ceux qui n'ont jamais pris de risques. Ils me plongent dans un grand scepticisme. Une bonne moitié sont fallacieux. Les hommes qui ne se mettent pas en danger ont en général des cerveaux foireux. Il leur manque quelque chose intellectuellement. Mais enfin nous vivons dans un monde virtuel. Du moins, c'est ce que l'on tente de m'expliquer en vain à la télévision.

Aujourd'hui, quand un gosse a un accident en classe, on envoie un psychologue : voilà la preuve de la faiblesse des esprits. Dès qu'il y a un problème, on envoie un mécanicien des tuyaux de la tête. Quand tu as un problème à la tête tu dois la réparer toi-même, tu n'auras pas un mécanicien en permanence à côté de toi ! Voilà comment l'on fabrique des abrutis complets !

On a des politiques au pouvoir qui n'ont jamais fait la guerre. Ils en parlent sans la connaître. Chirac avait fait la guerre d'Algérie et ça change tout. Quand on discute avec des gens qui ont fait 1914-1918 (enfin quand on discutait, car il n'y en a plus), on s'aperçoit qu'ils ne pensent pas pareil, ils ont vu des hommes mourir... Une boucherie... On vit dans un monde où ce sont les grenouilles qui demandent un roi – La Fontaine, je le répète.

Notre monde est complètement virtuel. Ça se sent intellectuellement. C'est foireux dans les cerveaux. Mes contemporains cherchent à éviter la mort. Moi, j'ai un gros mépris pour ce monde bidon, je m'en fous, il ne m'intéresse pas. Il y a plein de moments de ma vie où je me vois très bien en arrêt à l'image en me disant : la chance que j'ai de vivre ! Ce sont des moments de rien : mon bateau est au mouillage, il fait beau, jolie lumière, tout se passe bien. À côté, les individus ne se rendent plus compte de la chance qu'ils ont d'être vivants. Les gens passent une bonne journée à la plage et ils gueulent parce qu'ils n'arrivent pas à avoir leur réservation au restaurant. Il n'y a que des remèdes personnels pour apaiser le regard que tu vas poser sur le monde.

Les gens ne passent pas à côté de leur vie, ils passent dans la vie qu'ils se sont fabriquée. Il y a des choix : ils ont des possibilités ou des impuissances. C'est peut-être plus facile d'avoir du talent et d'être un grand chanteur que ne pas être capable de faire autre chose que rédiger des contraventions.

Il y a des progrès techniques, mais on ne fait pas de progrès sur l'âme humaine. Les progrès techniques sont permanents, mais les progrès sur la qualité de l'âme ?

Personne ne va demander à un chien de jouer du piano, pourquoi tu vas demander à un homme politique de régler les problèmes, il faut arrêter ! Il faut mettre du chien dans le rapport humain. Très souvent, tu demandes à l'un ou à l'autre de donner des choses qu'il n'a pas. C'est l'histoire de notre monde. Dans les couples, le nombre de personnes qui exigent de l'autre et qui s'emmerdent avec ça... Il y a des choses qu'on ne sait pas faire, qu'on ne peut pas faire et qu'on ne comprend pas, c'est tout. Et à partir du moment où l'autre ne comprend pas, tu ne peux pas lui en vouloir... Tu n'as pas même le droit. Beaucoup s'engueulent et disent : « Tu aurais pu faire... » Eh bien non, justement, il ne l'a pas fait, il ne pouvait pas. C'est ça l'histoire. Il sortait du bureau, il avait des problèmes dans la tête, il n'a pas pensé à s'arrêter au marché, il dit « Ça me gonfle d'aller au marché »... Ce n'est pas son domaine. Il faut bien comprendre que ce n'est pas son domaine dans plein de choses. Il ne faut pas non plus être exigeant et obliger l'autre à faire des trucs qu'il ne peut pas faire et qu'il ne sait pas faire... On parle de l'impuissance : ce n'est pas un alibi, pas une excuse, c'est une réalité. Regarde le monde autrement que comme ça, en pensant que... Non, il ne peut pas, il ne peut pas. Du bon sens.

Ton chien, quand tu lui dis *do*, *ré*, *mi*, *fa*, *sol*, *la*, *si*, *do*, il ne pige pas. Il n'est pas irresponsable, il ne peut pas. L'être humain ne peut pas. Il faut arrêter de penser qu'il peut. Il essaie de faire un petit peu, mais il est, par essence, par nature, limité. Il n'est pas si difficile que cela de l'admettre. Misons sur la compassion. Mieux, sur l'autocompassion.

La nature humaine est beaucoup plus apte à balancer du jugement qu'à chercher à comprendre. Juger c'est facile, comprendre ça demande du ciboulot quand même. Et beaucoup ont le cerveau tellement rétréci qu'ils passent leur temps à juger ceux qui voudraient seulement être compris. Alors là, tout de suite, on affleure l'absurdité. Tu voudrais être compris et personne ne va te comprendre. C'est l'histoire du monde. Quand tu es petit tu comprends que personne ne va te comprendre, ça ne sert à rien de vouloir être compris. Et les mecs veulent être compris... Ils veulent qu'on comprenne leurs problèmes. Rien n'est plus ridicule et vain.

C'est l'éducation qui est en jeu. À vingt ans, on leur passe tout chez eux, mais dès que les gamins abordent le dehors, ils se rendent compte qu'ils ne sont pas aimés, que personne ne les accepte, donc grosse déception. À force de leur faire croire qu'ils sont merveilleux, beaucoup n'ont jamais mis ça en doute. Donc ils arrivent dans le monde et... Quand tu es pensionnaire à dix ans, tu vois que la vie n'est pas totalement comme tu l'avais imaginée : tu comprends à dix ans. Il vaut mieux comprendre à dix ans qu'à cinquante.

J'ai compris très tôt qu'il ne fallait pas chercher à être aimé mais qu'il fallait chercher à vivre. Je n'ai jamais voulu être aimé, j'ai voulu vivre. Cette équation est imparable.

Le regard des autres m'indiffère complètement. Je m'occupe de ce que je gère. En fait, ce qui est intéressant, c'est ce qu'on va faire, ce qu'on a compris, ce qu'on va inventer pour se marrer, pour être heureux : qu'est-ce qu'on en a à faire du jugement de l'autre ? « Je pense que Kersauson exagère un peu... » J'en ai rien à foutre.

Il faut du dérisoire... Le bonheur, ça commence à partir du moment où il ne pleut pas là où tu dors et où tu as mangé à ta faim. Le bonheur démarre là, pas ailleurs.

J'ai vécu heureux, je ne pense qu'à me marrer. Si je suis au bistrot je suis content, si on boit un coup de pinard je suis content, si on touche un gros poisson je suis content... Je suis content tout le temps, moi. J'attrape le cancer, je suis content car je l'attrape à Paris et l'hôpital est à côté, je suis en avarie et je suis à côté du réparateur. Je suis allé à l'hôpital tous les jours. Évidemment, je ne vais pas faire la gueule, il m'arrive le meilleur de ce qui peut m'arriver de pire.

Mais j'ai la chance d'avoir soixante-douze ans, de ne pas être vraiment inquiet, de savoir que ma vie est faite, alors tu parles que la mort, là, a peu d'importance... Je n'ai pas l'angoisse de laisser derrière moi des gosses de dix ans qui n'ont plus de famille : ça facilite beaucoup les choses. J'ai vu des femmes de trente-cinq ans qui perdaient leurs cheveux et qui avaient des gosses de dix ans qui étaient morts d'inquiétude en disant : « Maman va mourir... » Ils n'ont pas la même vie que moi... Moi, il n'y a personne qui... Ma femme était un peu triste. Mais... Je suis dans une position nette : je ne veux pas pourrir la vie des autres. C'est une grosse différence, déjà. La plupart du temps, en pensant à la mort, tu pourris la vie des autres. Moi, je ne pourris jamais la vie de personne. Ce n'est pas extraordinaire : tu as la chance d'être soigné ! Si j'avais été à Tahiti, on aurait perdu trois ou quatre mois le temps de comprendre ce qui se passait, et pendant ce temps-là j'aurais peut-être... Ça paraît fou, un hôpital où en rentrant pour des séances où je restais trois jours il pleuvait... resté trois jours couché et tout, je me suis dit : « Le pot que j'ai, je suis dans un grand truc ! » Ça me faisait penser au porte-avions quand j'arrivais à l'hôpital : entre le moment où tu débarques et le moment où tu entres en soins on te montre ta chambre, tu vas de « déloquer », tu te couches, t'es pas couché on te prend ta tension, après ils mesurent ta température, après tu te fais raser, ils te perfusent, ils te piquent, après ils t'emmènent, il faut que tu ailles passer la radio... Tu as soixante-dix personnes qui s'occupent de toi... J'étais émerveillé. J'ai pensé : si tous les malades étaient traités comme moi, le rêve... Une fois que j'ai eu fini tout ça, il y a une fille qui m'a amené un plat, ça me rappelait la bouffe de collège, ce n'est pas toujours terrible mais ça se mange... Tu veux sortir de ton lit, tu as des trucs avec des fils dans tous les sens... Je me trimballais, je m'accrochais de partout, il fallait que j'aille pisser sans me mélanger les pinceaux... Ils sont en train de te sauver, en train de te réparer alors que t'as pas d'outils. C'est vachement marrant comme situation... Et quand j'allais prendre des rayons, ça me rappelait exactement le centre d'entraînement des paras : des gens sérieux, la même gravité, des gamines de vingt-trois ans en train de gérer des trucs extraordinaires. Tu es là, on te dit de respirer, tu comptes, tu comptes et... tu fais toujours des challenges. Tu te dis pendant des mois qu'il faut profiter de ta journée, et quand tu es seul tu te dis qu'il faut te battre... Tu vois les autres malades, tu mesures le désarroi dans leur regard. Tu te conduis de la façon le plus sympa possible, pour que les gens que tu trouves gentils n'aient pas de problèmes : tu peux poireauter deux heures dans la salle d'attente, mais t'en as rien à foutre, tu en aurais fait quoi de tes deux heures, de toute façon tu es malade comme un chien. Tu vas te plaindre de quoi ? À qui ? Ça va t'avancer de te plaindre d'avoir attendu deux heures ? Tu t'en moques. Honnêtement, les deux heures que tu passes là, assis sur un siège, ou dans ta chambre... Et tu as la chance d'avoir des pros qui s'occupent de toi...

J'ai essuyé des souffrances physiques, mais pas morales. Physiquement, c'est hyper dur. Tu as un mal fou à gérer cette souffrance physique. Elle te diminue colossalement. C'est fini, l'époque où tu roulais des mécaniques, c'est toujours ça. Tu n'es plus rien. Tu as l'impression d'être ton image en carton. Faible... Tu souffres. Mais je n'ai jamais accepté de m'arrêter à l'impuissance ou à la souffrance. C'était dur, putain. Ça fait tellement mal, tu as l'impression qu'on te pique la tête avec une pique. Ça se calmait quand même un peu de temps en temps, donc de temps en temps j'arrivais à aligner deux idées, à soulever un truc... Ou à rire. Puis je me mettais à tousser et à cracher des horreurs.

Tu ne peux pas avoir une vie tant que tu n'as pas fait un peu la synthèse de ce qu'est la réalité de la vie. Tu ne vis pas à côté de ta vie mais dedans, au cœur... Moi j'ai eu de la chance, quand même. J'ai vu mourir Caroline, la mère de mon fils. Les femmes ont plusieurs vies : elles ont une vie de jeune fille, une vie de maman, une vie de grand-mère, ça doit être difficile. Les hommes ont une seule vie, on commence à peine de vivre qu'on a déjà une moto, et à la fin de la vie on va avoir des motos, des avions, des bagnoles, mais on n'a pas beaucoup de vies, on n'a pas de vie de grand-père, c'est pas fait pour nous, les mecs. Donc c'est leur vie : elles marient leurs enfants, pour continuer la vie ou pas. Mais une femme qui meurt jeune, elle n'a pas accompli sa vie. Un homme, s'il a eu un peu de chance, il a réussi à faire son métier, s'il meurt à soixante ans, ce n'est pas très grave. Alors qu'à soixante ans, la femme va jouer son rôle de grand-mère. Les femmes vivent plus longtemps, et la vie des femmes est faite de plusieurs sections, pour leur épanouissement. Nous, on a fait l'amour et ça va... Une femme, c'est la famille, c'est l'amour, c'est la transmission. Ce sont les mères qui transmettent le gros du gâteau... Une femme qui meurt à cinquante ans, c'est un drame. Mais ça je ne l'ai pas inventé, c'est une réalité. Une mère que tu prives de marier ses enfants, tu la prives d'un truc très lourd, qui fait partie du troisième pan ou du quatrième pan de sa vie. Nous, à part faire le con et le boulot, une fois que c'est terminé il n'y a plus grand-chose. Ce n'est pas pareil, quand même !

La femme est le pilier des familles : ce sont les femmes qui transmettent, pas les bonshommes. Elles transmettent les recettes et elles font tout pour que ce soit bien... Ce sont elles qui sont contentes d'avoir des petits-enfants, ça ne nous intéresse pas, ça nous intéresse quand ça va commencer à parler, avant non. La grand-mère a fait tant de choses et elle a des liens avec les enfants qu'on n'a pas encore. C'est simple, à partir du moment où tu acceptes de comprendre la réalité...

Pour être franc, je ne me suis pas vraiment battu contre la maladie, à l'inverse de ce que je disais. Ce n'est pas toi qui bosses mais les infirmières qui vont au combat : elles t'allongent, elles te rayonnent, elles t'apportent le produit... Moi, j'ai de la chance maintenant. C'est pour ça que ça me fait marrer : se plaindre, ça ne fait pas avancer les choses, rien. Si c'était le cas, ça se saurait.

Quand tu te plains, les gens s'écartent de toi. Ils veulent de la bonne humeur. La chaleur humaine, ça sent souvent la sueur. Moi je suis à peu près cohérent par rapport à ce que j'ai compris, ressenti, vécu. Je n'ai jamais pris mes plaisirs, mes chagrins... pour des choses importantes. Je ne me suis jamais attendri sur moi-même. Et j'ai toujours, au contraire, pensé que la seule chose qui tient quand tu as des merdes, c'est quand tu es capable de combattre, de ferrailler, c'est en ça qu'on est intéressant. Le reste ne l'est pas du tout. Une vraie leçon de vie ? Non, c'est une leçon de mort...

J'y reviens : ce sont nos impuissances qui nous rendent égaux, pas nos savoirs ni nos répulsions. C'est ça qui nous rend touchants. C'est pour ça que tu ne peux pas distribuer des bons points à droite ou à gauche. Tu vis le plus poliment possible dans ton coin et *inch'Allah*.

Inch'Allah est un truc employé à la Goutte-d'Or pour dire « À la grâce de Dieu ». Moi, je trouve que les seuls vrais chagrins de notre vie, les seuls véritables qui méritent de nous attendrir, c'est la perte des gens qu'on aime. C'est le seul truc grave : les gens qu'on aimait et qui ont disparu. C'est mon chagrin, c'est tout. C'est l'ombre dans la vie que je mène, et encore ce n'est pas une grosse ombre, parce qu'ils ont vécu comme ils ont pu.

La notion du bien et du mal, du respect de l'autre, est une notion essentielle pour arriver non pas à ne pas gêner les autres, mais à ne pas être gêné par les autres. Il faut s'esbaudir de nos ressources et oublier nos chagrins. Se réjouir de toutes les ressources qu'on a ; nos chagrins et nos blessures n'ont aucun intérêt. Il faut rêver, énormément.

J'aimerais peut-être aller voir ce qu'il y a de l'autre côté. De l'autre côté de la vie. Aventurier jusqu'au bout.

Comme tu ne sais pas ce qu'il y a, ce serait peut-être marrant. Pourquoi ce serait vide ? Je me vois très bien en train de me dire : « Je vais mourir et c'est marrant ce qu'il y a de l'autre côté... » Tu peux être de bonne humeur pour après t'esbaudir... S'il y a une vie après la mort, je veux en être !

Mais il y a peut-être une vie après la mort, pour voir tes frères, tes parents, tes ancêtres... Je me souviens très bien, la première fois que j'ai pensé ça, je me suis dit : « C'est peut-être bien. » J'étais en train de rire, sur le pont du bateau... et on allait mourir, et je me vois en train de dire : « On va peut-être mourir... » Je n'avais pas repensé à ça depuis des années. Ce sont des sensations fortes quand même quand tu es au milieu de l'Atlantique en hiver, il y a une tempête comme tu n'en as jamais vu et le bateau est fracassé, tu te dis que tu vas mourir et que quand même... Vingt-quatre mètres de vague.

Je pense que Colas est mort dans un vortex. Il y avait une grosse dépression, et à l'intérieur des dépressions il y a des zones qui font parfois deux kilomètres de large, et à l'intérieur de ces dépressions il y a un phénomène tourbillonnaire excessivement violent. Et on le voit de temps en temps à la campagne, après des orages, il y a la moitié du toit des fermes qui est entièrement rasé et l'autre est en état. C'est ça. Et quand il y a des vortex ça nettoie tout, c'est une tondeuse. Et je pense que Colas a été dans cette situation... La mer est monstrueuse.

Bref, si tu es heureux tu vois plein de choses qui te rendent heureux. Si tu te plains d'être malheureux tu vas vivre une journée de merde, il va pleuvoir, tu vas te cogner le pied, tu vas marcher dans une bouse de vache et personne ne va vouloir te considérer. Si tu es heureux, tu te dis : « Il pleut, mais dans un mois je suis barré de ce merdier... »

Je suis allé en pèlerinage à Chartres avec le collège, j'aime bien... la nuit... Tu appréhendes les monuments qui traversent le temps... Tu t'imagines que le temps c'est de la mer, et qu'en fait ce sont des bateaux qui te véhiculent, c'est le temps qui passe dessus... Une sorte de dynamique... Elle est en mouvement, cette mer. Le temps est immobile, elle traverse l'immobile. C'est extraordinaire ! C'est pas le temps qui s'écoule, c'est nous qui nous écoulons à travers le temps. Si on accepte que c'est le temps qui s'écoule, comme un fleuve, l'eau qui passe, on se trompe. C'est le contraire, c'est nous qui passons dans le temps. Vers la victoire. Réfléchis à ça. Ça ne te dirait pas ? Parce que ça te donne une dimension complètement différente. La cathédrale est dans ton esprit, mais en mouvement dans le temps. C'est extraordinaire. Et je l'ai senti physiquement.

Le temps ne passe pas, c'est nous qui passons. D'ailleurs, jadis, quand quelqu'un mourrait, ne disait-on pas : « Il a passé » ?

LE SUICIDE

Le suicide est très équivoque. Je me dis qu'il y a tellement de gens qui ont du mal à vivre que tu ne peux pas te suicider. On a plus le devoir de survivre que celui de supprimer la vie.

J'ai toujours considéré que le suicide était une fuite, j'ai toujours considéré que c'était une lâcheté. Mais d'un autre côté, il faut faire très attention là-dessus : quel est le niveau de souffrance qui peut t'amener à un tel acte de désespoir ? Est-ce que c'est une lâcheté ou est-ce que c'est la conséquence directe de l'invivable au sens étymologique du terme ? Quand c'est invivable, à l'impossible nul n'est tenu. Le jugement moral ne peut s'appuyer que sur les normes que l'on connaît, sur lesquelles s'est basée notre morale. On ne peut pas avoir un jugement moral basé sur une réalité qui n'a pas inspiré notre morale. C'est lumineux. Si tu veux, à un moment donné, il y a une forme de souffrance à laquelle certains individus sont acculés, et il n'y a pas d'issue. En Polynésie, chez les jeunes, il y a énormément de suicides. Parce que ceux-ci n'ont pas d'imaginaire. Et comme ils n'en ont pas, ils n'arrivent pas à sortir de leur saga ou de leurs ruminations sur la brutalité de leur cheminement amoureux par exemple. Pour eux, c'est pire que la mort. Ce qui amène l'autre à se donner la mort, c'est une vraie question : pourquoi endurer systématiquement des souffrances qui sont telles que la mort paraît un bienfait ? C'est ça qui est quand même très impressionnant. C'est-à-dire que l'autre se trouve dans un système qui est sans issue. Ce qui nous paraît le plus terrifiant va lui paraître comme un bienfait : la mort, en finir. Ce n'est pas qu'il soit con, c'est qu'il n'a pas d'autre choix. À un moment donné, on ne sait pas à quel niveau de souffrance se trouve l'autre.

J'ai un copain, un kiné, qui s'est suicidé. Il n'avait aucune raison de le faire. Si, il avait toutes les raisons puisqu'il l'a fait. Mais il n'en avait aucune, en surface, le cabinet marchait bien, les enfants allaient bien... Et il s'est suicidé : il s'est pendu un matin dans la grange, près de son bateau. Qu'est-ce qui a pu l'amener à ça ? Des médecins m'ont expliqué : quand des mecs ont subi des dépressions nerveuses très lourdes, c'est inscrit dans leur cerveau, comme des cicatrices. Je ne savais pas ça et ça m'a sidéré.

C'est un grand neurologue qui me l'a dit. Quand on fait des autopsies de ces types, on voit aux endroits où se prend la décision du suicide une cicatrice, enfin comme une cicatrice...

Qu'est-ce que le cerveau nous fabrique dans la dépression ? D'autant plus que la dépression isole. Quand les types sont dépressifs, il faut faire très attention parce qu'ils vont mentir jusqu'au bout. C'est la honte de la dépression. C'est aussi le destin. Parce qu'il n'y a pas de raison de... La plupart des gens qui se suicident n'ont aucune raison de se suicider sauf la leur. Et on n'est pas dans leur cerveau, donc on ne peut pas intervenir... C'est le mystère de l'autre. Quand on se suicide, c'est qu'on ne peut pas faire autrement, on n'a aucune possibilité de faire autrement. Et c'est un mécanisme répandu dans la nature humaine : on ne peut pas non plus le considérer comme marginal... Il est fatal à un certain nombre d'individus... Il y en a plus de dix mille en France chaque année. Vous imaginez ce que cela représente pour l'ensemble des pays du monde.

Ça fait vraiment partie de ce qui ne nous appartient pas. On ne peut rien faire. On se dit : « J'aurais pu... » C'est faux ! C'est d'ailleurs ça qui est terrifiant : c'est une démarche de l'impuissance, c'est cette nature humaine que l'on a autour de nous qui lutte pour vivre, et elle lutte parfois pour ne plus vivre parce qu'elle n'a pas les moyens d'encaisser l'horreur ; parce que le cauchemar est tel que le seul truc qui paraît possible est d'éteindre la lumière. C'est impressionnant, mais je crois qu'il faut vraiment l'accepter. Croire qu'à un moment donné on aurait pu... J'ai beaucoup réfléchi à ça parce que ça m'intéressait, et en plus j'ai vu des suicides autour de moi... C'est une erreur complète de penser que l'on puisse intervenir... C'est impossible. Impossible ! Sauf dans quelques cas rares mais c'est de l'ordre de la chance, de l'inespéré. C'est pour ça qu'il ne faut pas culpabiliser. Il faut savoir que les destins sont différents et que certains d'entre nous sont condamnés, parce qu'ils vont mourir d'un cancer, d'un accident, d'autres vont mourir d'un refus de la vie... La mort en soi est quelque chose de fatal, de totalement obscène à tous points de vue, et elle est aussi la solution de l'impossible dans certaines circonstances, c'est tout. Ce qui arrive à l'autre lorsqu'il se donne la mort nous est, en fait, complètement étranger, au sens profond du terme « étranger ». Ça n'appartient pas aux fonctionnalités de notre cerveau quand il n'est pas malade. C'est comme si je disais que j'ai un cancer et que c'est de la faute d'untel : c'est aussi con que ça, ça n'a rien à voir. Notre biologie a été soumise à des formes de dérèglements, cécité à la naissance, deux bras en moins, cancer à six ans, leucémie à dix-huit et suicide à vingt-trois.

C'est comme ça. Ça appartient aux « négatives » de l'espèce.

Dans beaucoup de cas, le jugement de valeur demande à être pesé, pesé et repesé, et c'est aussi une fois de plus la démonstration flagrante de l'énorme panel de nos impuissances. Ce qui nous rend aussi, à la limite, très irresponsables, Dieu merci. Parce que le schéma de la construction de ce que nous sommes est tellement faible et ignorant qu'on ne peut pas prendre à son compte la responsabilité de ce qui arrive. N'oublions pas que quand on veut voler il faut faire un avion, quand on veut aller sur la mer il faut un bateau... Les oiseaux marchent par terre, ils volent, ils plongent dans l'eau, ils font tout ce qu'ils veulent. Ils nagent sous l'eau, en plus. Nous, quand on veut faire une activité, on a recours à des artifices. Il faut regarder l'espèce dans ce qu'elle est. La grande interrogation sur notre condition, c'est l'émotion, le sentiment, le remords, le regret et l'amour : c'est tout ce qui entoure et pilote nos vies, de façon courte d'ailleurs... Toutes ces pensées, ces émotions et je ne sais pas quoi, pour nous retrouver quand même dans un trou... Tout ça pour ça ! La dépouille au sens propre du terme. Ça n'a aucun sens. Toute cette histoire n'a aucun sens. Le seul sens que ça avait, c'était la vie de l'autre... C'est pour ça qu'il faut toujours se rapprocher de ce qui est basique dans notre existence. Vivre, c'est une chance, ce n'est pas un dû, et ça nous amène donc automatiquement à être de bonne humeur : tu es vivant, ça te permet de cracher par terre, de tirer les sonnettes d'une baraque et de t'enfuir… C'est extraordinaire, tu peux tout faire, c'est vachement bien. Si tu le vis comme un dû, tu vas trouver qu'on devrait te donner plus, souvent, en quoi tu te trompes. Et même le matin où tu as trois PV un jour de pluie et qu'il faut que tu ailles faire une coloscopie à l'hôpital, c'est une belle matinée puisqu'elle existe !

Tout ce qui ne va pas n'a aucune importance. C'est ce qui va qui est important. Ce qui ne va pas ne va pas, qu'est-ce que tu veux faire ? C'est l'histoire du monde, rien à battre. J'ai toujours pensé comme ça. Je peux me mettre en colère ou gueuler quand je veux obtenir quelque chose, mais en fait je n'en ai plus rien à faire au fond de moi-même. Ce n'est pas là que ça se passe. Le moment grave de ma vie, c'est quand le soleil se lève sur le monde, c'est pas quand les emmerdements arrivent. Je me refuse à l'accepter. Ceux qui disent : « J'aurais pu… » Mais pense à demain ! Pas à ce qui « aurait pu »… Il n'y a pas de passé, il n'y a qu'un présent et un avenir, et nous devons profiter du présent comme des gorets, et l'avenir il faut espérer qu'on va pouvoir continuer à en profiter comme des gorets. Le reste, c'est de la couille de rat... Lorsque l'air du matin frais t'amène un chant d'oiseau, lorsque tu entends le son des cloches d'une église, lorsque tu as une odeur de pain chaud dans la rue, tout est à prendre, tout est bon. Tout. Si tu commences à dire : « Il faut que je me dépêche... » Non. Il n'y a rien de très important à part le moment d'être heureux. Si tu dis « Je ne peux pas aller à la plage parce que j'ai rendez-vous avec mon banquier »... Le banquier ou n'importe quoi d'autre, tout peut attendre, derrière il n'y a rien qui va te rendre heureux...

Le monde matériel, c'est ce qui reste quand on est mort... Ce qui est grave, c'est quand on va être mort ! Alors il faut quand même agir et penser un peu, non ? À mon avis. C'est comme ça que je vois les choses.

Nos contemporains se plaignent toujours de leur mémoire mais jamais de leur intelligence. Moi, j'aurais tendance à me plaindre de mon intelligence, je trouve que c'est imparfait. La mémoire, ça ne va pas non plus...

Tout ce que je viens de formuler, je l'ai ressenti il y a très longtemps. Et je ne l'ai pas compris en réfléchissant mais en jouissant d'un soleil, d'un ciel, d'une lumière sur l'horizon. Ces instants-là, c'est la jouissance qui m'a amené à les choisir, ce n'est pas une réflexion. Comme j'avais la jouissance de ces matins, de ces moments...

LA PARABOLE DU CANOË

Inconsciemment, j'essaie de rénover une partie de mon cerveau. En somme, on s'intéresse souvent aux problèmes, on s'en préoccupe et on les aborde de façon fausse. C'est-à-dire qu'on se laisse entraîner par le jugement générationnel ou général sur les choses et, n'ayant pas le temps d'y réfléchir profondément, on accepte assez souvent une sorte de « prêt-à-penser social » qui est loin de la réalité de ce que nous vivons. Et dans la gestion de nos difficultés, de nos joies, de nos peines, il faut toujours essayer de se rapporter à l'ensemble de la réalité que nous vivons dans ce monde, collectivement. Les individus vivent assez mal et nous, on veut les empêcher de vivre mieux. Si on arrivait à donner à voir l'extraordinaire système incontrôlable et foutraque auquel on appartient et, en plus, l'extraordinaire faiblesse de moyens qu'on a pour mener à bien ce qui nous est proposé au cours d'une vie... Il y a une part d'impuissance qui est colossale. Et même si on n'est pas tout à fait ignorants, si on accepte de réfléchir, de nous positionner, nous ne sommes que des âmes ballottées (comme dans un canoë) par un temps dont nous ne connaissons ni l'origine ni la destination. Et nous faisons ce voyage chaotique, un peu comme les radeaux qui descendent les rapides... Et quand on « voit », on comprend, on se réjouit, on jubile, on met un coup de pagaie à gauche, un coup de pagaie à droite et ça nous permet de rester au milieu du fleuve et de ne pas nous précipiter sur un rocher ; c'est à peu près tout ce qu'on sait faire. C'est pour ça qu'il te faut avoir vis-à-vis de ton chagrin une distanciation. Ne pas t'imposer des choses pour lesquelles nous ne sommes pas faits. On a un blindage de 4 millimètres sur lequel sont tirés des obus perforants de 80. Il faut donc se positionner dans la réalité... L'intelligence doit accepter que nous soyons excessivement faibles. On n'est pas responsables de ce que l'on subit. On est responsables de ce que l'on fait. Nous ne sommes pas armés pour les violences que nous subissons : elles sont communes, collectives, anticipables, et on est complètement irresponsables. On se rapprochera des autres dans la mesure où on acceptera que nous sommes d'une façon collégiale et commune ballottés par un monde qui est supérieur à l'ordre moyen.

Nous sommes ballottés dans un canoë au milieu de la rivière et nous tentons de prendre le moins de coups possible. La vie est une navigation à vue et par gros temps !

C'est à partir du moment où on aurait pu choisir la couleur du bateau qu'on redémarre, mais ce n'est pas nous, ce sont les parents qui le font... Il faut se rapporter à ça. Parfois je pense à tout ce que j'ai trouvé cruel et étrange dans la vie, et je m'aperçois qu'on perd du temps à se plaindre...

DANS LE DÉNI DES FUMÉES NOIRES DE LEURS CAUCHEMARS

La plupart de nos contemporains se lamentent de tout : de la pollution, de la couleur du ciel, des impôts, de leur femme, de leur mari, de leurs enfants, de la conjoncture, de l'écologie, des prix ou je ne sais pas quoi : ils s'infligent une double peine, parce qu'ils se plaignent et qu'ils recherchent de quoi d'autre ils pourraient encore se plaindre. Donc ils vivent dans un monde infernal, ils vivent dans les fumées noires de leurs cauchemars.

C'est vrai que le matériel a de l'importance, c'est pour ça qu'il faut essayer de le contenir, mais ce n'est pas vital. Quand j'avais vingt-cinq ans, ou de vingt ans à l'âge de trente-cinq ans, je n'ai pas gagné un rond parce qu'avec Tabarly on n'était pas payés, il n'avait pas un sou, mais j'étais sûr de vivre une vie magnifique, et l'argent n'avait pas d'intérêt. En fait, l'argent, il faut toujours en faire un peu, mais le temps on ne le fabrique pas, donc le temps est plus important que l'argent... Ceux qui passent leurs journées à fabriquer de l'argent pour s'acheter des moments heureux perdent leur temps. C'est un mauvais choix, je crois. Les gens héritent de peurs ou de je ne sais pas quoi. Moi, le regard que j'ai sur le monde n'a jamais été déçu. J'ai pensé différemment, depuis toujours. Je n'ai jamais été gêné par ma différence avec l'autre. J'ai vu la vie. J'ai vécu dans une très grande solitude. Quand on ne pense pas comme son entourage et que l'on est trop petit pour le formuler, on se rend compte que l'on vit dans une solitude énorme. J'ai vécu dans une solitude énorme... On vit dans la clandestinité de son propre monde, on ne doit partager avec personne ses pensées. Quand je dis ça, les gens sont choqués.

On ne s'achète pas des moments heureux ; les soldes du bonheur n'existent pas. Autrement dit, le bonheur n'est jamais en solde.

Je suis en accord avec moi-même. C'est le b.a.-ba des choses. C'est formidable de pouvoir vivre en harmonie avec soi-même, avec ses pensées et ses actes : c'est finalement un des secrets du bonheur. C'est même la base de tout. J'ai toujours dit et pensé que les transgenres se trouvent dans des souffrances monstrueuses, à habiter un corps qui n'est pas le leur... J'imagine la prison, l'horreur que c'est. Ils m'attendrissent. Je respecte cette souffrance... C'est monstrueux. Les gens sont enfermés dans une prison. Ce sont des gens à qui on a filé un corps et ils ne peuvent rien faire avec. C'est horrible.

Ne pas travestir la vérité, c'est primordial. *Veritas tantam potentiam habet ut non subverti possit* : « La vérité a une telle puissance qu'elle ne peut être anéantie. »

LE BONHEUR : L'APTITUDE À S'ENCHANTER

En face de plein de situations, il n'y a que le dérisoire qui ait du sens. Mieux : en vérité, seul le dérisoire a du sens. Tout le reste est absurde. C'est un aveu de faiblesse, le reste. Les réclamations, ce sont des conneries. C'est hallucinant, les gens qui réclament. C'est quelque chose qui ne mène nulle part. Celui qui se plaint, rien que le fait de formuler ce qui l'emmerde nous le rend deux fois plus emmerdant. Par exemple les militants écolos passent leur temps à dire : « Ah, la Terre est polluée. » Ils feraient bien mieux de regarder pousser les pâquerettes là où elle n'est pas polluée. Tu n'existes plus par ta joie, tu n'existes que par tes revendications. Comme les gens veulent exister, que leur ego soit, alors ils revendiquent... Ils sont comme le joueur de flûte d'Allemagne qui, en jouant, emmène tous les rats dehors. Dès que l'on joue de la flûte, tous les crétins nous suivent... On a un devoir jubilatoire, pourtant. C'est une des rares choses que j'ai comprises : on a le devoir d'être content. C'est un devoir. Ce n'est pas seulement la conséquence analytique de moments reconnus comme agréables. C'est-à-dire que si l'on veut jouer le jeu de notre humanité, il faut prendre le temps de jubiler, de savoir qu'on est content. C'est bien. Sinon on passe à côté de la vie et on n'aura perçu que ce qui est moche.

Moi, je n'existe que par ma joie. Être joyeux, c'est jouer le jeu de notre humanité.

« Depuis que j'ai renoncé au bonheur je suis un homme heureux », dit Jules Renard. C'est un peu ça. Ce n'est pas un dû, le bonheur... On en ramasse des bribes plus ou moins épaisses... C'est la quête de « toujours quelque chose de plus » qui rend malheureux en fin de compte. Oui, c'est *le toujours plus*, un truc d'idiot complet.

L'expression populaire « savoir se contenter » : ce n'est pas vulgaire de se contenter, ce n'est pas une abdication. Se contenter, c'est faire l'analyse que l'on a de la chance.

Il s'agit d'être content dans les lieux mêmes de son corps. Ça fait des années que je suis étonné de ce que me permettent de faire mes yeux. Au fur et à mesure que je roule en voiture, je vois tout : c'est extraordinaire ! Ce mécanisme est sidérant. Ça fait des années que ça m'épate.

Je n'ai jamais craché sur mes chances. C'est comme ça. J'ai énormément de chance d'être content. En fait, je me rends compte quand j'y réfléchis, quand j'essaie de retracer un peu ma vie, que lorsque j'étais très, très jeune, j'étais déjà content sans le savoir. Et ce qui pouvait créer des moments heureux chez moi c'étaient des lumières, des éclairages, des instants d'orage, de mer, de végétation, le premier petit oiseau que je découvrais à cinq, six ans. Moi, ça m'a parfaitement comblé, ça m'a enchanté. Et c'est après, en réfléchissant, que je me suis rendu compte que c'était un enchantement... que je vis, encore aujourd'hui, comme une émotion. J'avais l'aptitude à m'enchanter. C'est formidable, une chance énorme.

Il faut trouver sa vie belle car il n'y en aura pas d'autre, il m'a toujours semblé que la vie était belle.

Je n'ai jamais vécu la pauvreté comme une humiliation. Il y a ça, aussi. Rien à faire, quoi. J'étais pauvre, eh bien j'allais en stop...

À PARTIR DU MOMENT
OÙ TU TE DIS
QUE TU ES VIVANT,
IL PEUT PLEUVOIR...

Mon grand-père est mort à trente ans à la guerre de 1914-1918. Mon autre grand-père a dû mourir à peu près au même âge. Donc moi j'ai toujours pensé qu'être vivant c'était un privilège, et pas un dû. À partir du moment où tu penses que c'est un privilège, ça te met de bonne humeur. Si au contraire tu penses que l'existence est un dû, alors tu la juges avec l'assurance du consommateur qui discute le produit et demande remboursement.

J'ai pris beaucoup de risques, et étant vivant j'avais le devoir de mener ma vie à un certain rythme... Le fait d'être vivant, justement, m'enjoint à prendre tous les risques, à ne jamais les refuser... Être vivant, ça te donne des devoirs vis-à-vis de ceux qui n'ont pas eu la chance de... C'est très logique. Et aimer la vie, c'est la risquer. Il n'y a que ceux qui ne l'aiment pas qui ne la risquent pas. Et tu as un devoir de la rendre plus belle. Comme tous les privilèges, ça engendre des devoirs.

Être vivant, ça n'est pas une rente. Au contraire : parvenir en bonne santé à l'âge adulte te donne des devoirs vis-à-vis de ceux qui n'ont pas eu la chance d'être invités... Je veux insister sur ce point.

On sait le goût de l'épargne dans notre pays : de mon point de vue, ce n'est pas une vertu à mettre au pinacle. D'abord parce que cette religion du bas de laine a contaminé nos esprits au point de nous rendre économes de l'existence. Trop souvent nous montrons en amour, en politique, dans le sport ou en économie la timide avidité du petit rentier. Le fameux principe de précaution est ainsi passé dans la Constitution comme il est passé progressivement dans nos constitutions. Bref. Toutes classes sociales mêlées, nous souffrons d'avoir le cœur prudent.

En fait, tout ça se résume à une chose : quelle joie on met, ou pas, dans le fait de se savoir en vie. Le reste, ce n'est que de la tchatche.

À partir du moment où tu te dis que tu es vivant, il peut pleuvoir...

Les gens ne font pas sérieusement les choses et se prennent au sérieux : c'est exactement l'inverse qu'il faut faire. Regarde comment ton banquier se prend au sérieux.

Je ne me suis jamais posé trop de questions. Je me suis contenté de passer à côté, de humer l'air, l'esprit... Je n'ai pas cherché à vendre ni à convaincre. Je n'ai pas cherché à savoir si les autres pensaient la même chose que moi. Je n'ai à peu près jamais échangé avec personne sur ma façon de penser.

Tu te lèves le matin, pied gauche ça marche, pied droit aussi, tu vas pisser ça marche, et hop, on entame la journée qui va être heureuse, qu'est-ce que tu veux de plus ?

J'ai compris aussi que c'est plus important de jouir que de posséder. Il ne faut rien exiger, ça ne sert à rien.

LE FLOU DU MONDE

Notre monde perd de sa poésie par son organisation même. Avant, la poésie était dans l'estime, l'instant de la lettre reçue était poétique, ça pouvait être un drame, un moment à lui tout seul : lettre d'amour, lettre de rupture, il y avait une mise en scène, une attente du facteur, il y avait une surprise, tu voyais la lettre et tu ne voulais pas y toucher et ainsi de suite. Et c'est la mauvaise nouvelle qui arrive... C'est que le rapport au temps, la nouvelle, le vécu, la joie, la sensation et tout n'avaient rien à voir avec les mails qui font le monde moderne : l'immédiateté a beaucoup dépoétisé les choses. Tant que tu n'as pas de rapport avec la machine, le temps est poétique. C'est-à-dire que même dans le regard de la femme qui te donne ton relevé à la poste, il peut y avoir de l'amusement, du rire, je ne sais quoi, du charme, de l'« endiablement » ; dans la machine, il n'y a plus rien. La machine a supprimé la poésie, tout le flou du monde. Or, le monde n'est vivable que par son flou. Ce sont les choses floues qui font que le monde est vivable, pas l'organisation systématique, qui est monstrueuse. La machine a supprimé le flou du monde.

Et de mes yeux lassés je regarde le monde, les femmes, les brunes, les rousses, et parfois les blondes, je m'endors le soir lorsque je ferme les yeux, je sais que derrière mes paupières existent encore les cieux des étoiles qui brillent dans un lointain parfait, que je ne reverrai sans doute hélas jamais. Alors... devant moi tout ce temps qui s'écoule... insensé, immobile, roule la pierre qui jamais ne sera couverte, et moi qui... jusqu'à ma perte...

C'est inventé. Pur jus. Pour la circonstance.

LE GREC ET LE LATIN

Comme je l'ai dit, déploré, il n'y a plus de bon sens, il n'y a que des idées fausses. Avec l'abandon du grec et du latin, on a fabriqué beaucoup d'idées fausses. C'est-à-dire que l'enseignement du grec et du latin forçait à faire une traduction. Traduire, c'est d'abord comprendre... C'est un vrai exercice. Vrai exercice dans lequel on faisait des contresens, parce que nous avions mal interprété, parce que la pensée n'était pas exactement affûtée pour comprendre ce qui était transmis. On a complètement arrêté ces exercices de la version et du thème. Donc, les individus ont commencé à penser *à côté*. Il n'y a pas de pensée sans langage, et à partir du moment où on n'a pas saisi la réelle valeur du langage, on ne peut saisir la réelle valeur de la pensée ! Ça ne tient plus. Et c'est ce qui s'est passé. Et c'est ce qui se passe. Et on emploie de plus en plus de mots complètement incohérents, le vocabulaire est employé à tort et à travers par des types ignorants.

La sauvagerie est aussi due à l'ignorance. Or, l'ignorance s'étend comme une nappe d'huile. On la voit partout, l'ignorance, elle *est* partout. À Tahiti, ils disent : « La colonisation a rasé notre culture. » Mais nous, on a eu les Wisigoths, les Ostrogoths, les Huns, les Romains qui ont éradiqué la culture gauloise, et c'est l'histoire du monde. La culture du faible disparaît au profit de la culture du fort. Vous n'êtes pas la victime, et le fait que votre culture ait été éradiquée importe peu : ça veut dire que vous appartenez au monde, et le propre d'une culture est d'être éradiquée par une autre.

FAIBLESSE

Je suis quand même le septième enfant d'une famille de huit ; on venait de province, je n'avais pas d'argent, pas de relations, je n'étais intéressé que par le monde sauvage, il a donc fallu que j'adapte vite mon cerveau pour *hériter* du monde que je traversais, pour que je comprenne le monde qui m'entourait. Comme j'ai compris très vite l'essentiel, la lâcheté des gens, j'ai très vite compris leurs faiblesses avant de comprendre leur monstruosité... Ayant analysé très vite leurs faiblesses, j'ai réussi à survivre sans me faire trop esquinter. Logique.

C'est leur faiblesse qui rend les gens dangereux.

Si on fait une analyse réelle et poussée de ce que nous sommes, je crois que notre espèce se gargarise d'évolutions et n'évolue absolument pas. Les égoïsmes, les bêtises, la lâcheté, les traquenards, la faiblesse, la veulerie sont intensément présents depuis toujours. On parle d'évolution, je ne sais pas pourquoi.

Les politiques d'aujourd'hui sont aussi nazes que ceux de la guerre de 1914-1918. Tout ça, c'est la matière de l'homme. La matière de l'homme n'a pas changé, c'est la formulation qui a changé, c'est tout. Ils ne peuvent pas changer le monde puisqu'ils sont incapables de se changer eux-mêmes. La qualité supérieure de l'homme consiste à s'adapter. Ce n'est pas changer : c'est s'adapter. Moi, je me suis adapté. J'étais sauvage, je me suis adapté à la vie de Paris, j'ai essayé de comprendre comment ça marchait. Je ne suis pas arrivé habillé en marin en donnant des coups de pied... Il faut voir si on peut faire mieux, c'est tout. Je me suis adapté à la réalité, et les politiques ne veulent pas s'adapter à la réalité, ils veulent changer le monde.

La seule chose qui sert, c'est la bienveillance qu'on peut avoir pour des gens ou qu'on aime ou qui sont aimables. Ce n'est pas si limité que ça, d'ailleurs. Il y a sûrement, dans les « entreprises » de bienfaisance comme la Croix-Rouge ou des organisations comme ça, l'occasion pour les hommes de se sentir heureux au service de l'autre. C'est à peu près tout. Le reste...

Maintenant les gens ont peur de la vie... de la mort. C'est-à-dire qu'aujourd'hui ils ne savent même plus que la mort existe. Avant, on avait peur de la mort...

Si notre société vit selon le principe de précaution, c'est parce qu'elle a peur de la vie.

Chacun cherche en quoi il a été opprimé pour rejoindre cette minorité et devenir actif. C'est stupéfiant.

LA LIBERTÉ

La liberté est un mirage. Et comme tous les mirages, celui-là est physiquement, biologiquement trompeur, et il est recherché pour ne jamais être trouvé. L'idée de liberté naît de l'ignorance, et la liberté réelle ne se construit que sur le savoir. Les gens rêvent de liberté, et la liberté commence quand notre impuissance s'arrête, mais comme notre impuissance est partout, immanente, notre liberté est parfaitement restreinte. Notre liberté est proportionnelle à notre impuissance.

Nous sommes prisonniers de nos impuissances. Déjà physiquement, on est tellement limités en dehors de notre cerveau, mais le cerveau est limité lui aussi vu qu'on n'est pas capables d'appréhender la réalité, le réel dans lequel on existe.

Tout est très relatif. Tout ce qui est important dans notre vie n'est pas cartésien : l'amour, le chagrin, la mort, tout ça ce n'est pas cartésien. Ce qui est cartésien, c'est la façon dont on monte dans le bus et l'heure à laquelle part le train. Mais tout ce qui fait rêver et battre le cœur n'est pas cartésien. Il y a un avant la naissance, puisqu'on arrive avec des gènes qui viennent d'ailleurs et d'autrefois. Donc on a un avant. Mais est-ce qu'on a un après ? Et dans notre monde où on apprend assez peu de choses, il y a le secret de la vie auquel nous n'avons pas accès. Pourquoi tant d'efforts ? C'est ça la question... Après, la réponse, c'est pourquoi ça servirait. Après la création du monde, le septième jour, Dieu se repose ; c'est hallucinant. En un sens, c'est complètement bidon, mais on a encore des choses à dire. Le big bang, c'est quoi ? Un truc comme ça. On a été construits avec de la glaise, et le Verbe s'est fait chair : c'est la parole qui se transforme en individu, mais peut-être que quand il n'y a plus de chair il reste le Verbe. Et le Verbe ça appartient au cerveau, à l'esprit. Est-ce que l'esprit est pérenne ?

Parfois la sensation troublante qu'on a de la présence de nos disparus et des choses n'est limitée que par notre capacité de compréhension, mais est-ce qu'elle est parfaitement réelle ? Qu'est-ce qu'on en sait ? C'est ça qui est intéressant...

Tu t'organises pour arranger tes pulsions, mais tes interrogations sont là. Tu trimballes derrière toi un énorme flou que tu oublies au quotidien pour satisfaire tes pulsions... Parfois, quand j'ai été en vrai danger, je me suis dit « Je vais peut-être voir l'autre côté », j'étais partagé entre le désir de ne pas mourir et celui d'aller voir de l'autre côté, c'est une énorme interrogation, quand même. Curiosité saine.

L'intérêt, c'est bien de te rendre compte que ton cerveau arrive à imaginer l'absolu, mais qu'il est incapable d'imaginer la suite. Or, l'infini, on sait qu'il existe et le cerveau ne peut même pas l'imaginer. C'est très intéressant. C'est un des points sur lesquels on n'est pas adaptés, puisqu'on est projetés dans un monde infini et que notre cerveau ne peut même pas l'appréhender.

Qui a inventé ce monde dans lequel on vit ? Qui a créé Dieu ? Qu'est-ce que c'est que ce truc et ce bordel dans lequel on est ? On n'a aucune explication d'aucune sorte.

On naît avec des idées, liberté, liberté chérie pour un Français, on doit mourir pour la liberté... Mais cette liberté-là, il n'y a aucune raison de mourir pour elle, puisque la vie est une liberté... C'est pour ça que c'est intéressant de parler de la liberté, parce que c'est ce qu'on rêve au milieu de nos contraintes. Mais ça n'existe pas, la liberté. La liberté, ça tient donc au savoir absolu. Il ne faut pas discuter avec un philosophe, sinon tu ne t'en sors pas...

J'ai compris très vite que c'était à moi de penser. Les maîtres à penser ne servent à rien. Quelles sont les vraies questions que tu te poses quand tu existes ?

Je n'ai jamais comparé ma vie à celle de la plupart des gens. Parce qu'on ne sait pas quelles sont leurs satisfactions. Tu survis comme tu peux dans ce monde où tu as été projeté sans l'avoir demandé, avec les moyens qui te sont donnés, qui sont inégaux, insuffisants de toute façon.

APPARTENIR
À LA GÉOLOGIE DU MONDE

Il y a longtemps... il y a plus de soixante ans... j'étais chez un copain à Dinard et à table, sa mère parlait de Diên Biên Phu ; elle était en larmes, parce qu'elle devait connaître quelqu'un, un sous-officier sans doute, qui avait été tué là-bas. Et je me vois dans l'après-midi, tout seul, au bord de la mer, en train de réfléchir. C'est un très bel endroit, à Dinard, cette Côte d'Émeraude, et je suis en train de regarder la mer et je me dis qu'en fait notre position est assez bancale et que j'aimerais mieux être une pierre de la villa que j'habitais, parce que cette pierre regardait la mer et qu'elle avait tout le temps devant elle, l'éternité en elle, alors que nous, on n'avait rien en nous, on avait juste à partager. Je me vois très bien penser ça en me disant : « Il y a des jeunes qui meurent et qui ne pourront jamais voir ce que je vois, et ce que je vois ce n'est que pour très peu de temps et ça doit être mieux d'être une pierre, immobile, ça doit être mieux d'appartenir à la géologie du monde que d'appartenir au monde des humains. On a plus de temps pour regarder. »

Je me souviens de m'être dit : « C'est donc ça. » C'est la notion du « c'est donc ça »... Je savais dans quelle relativité j'étais. C'est très triste en même temps. Il y a de la déception là-dedans.

Je rêve d'appartenir à la géologie du monde.

Je me rends compte que je suis un vieillard sympathique et encore français, et ça s'arrête là. Moi, je ne m'ennuie jamais. J'ai le cerveau qui rétrécit, la moindre pause me demande une demi-heure de réflexion. Un effort. Pour réfléchir, il faut pouvoir renvoyer une idée, l'idée d'un autre. Pour ce qui est des idées qui entrent dans mon cerveau, j'ai un encéphalogramme qui est comme les œufs, au plat complet...

Tiens, une idée me vient : le dimanche, c'est le jour de la semaine où, hélas, les autres font comme nous...

MIXTE
Papier issu de sources responsables
FSC® C003309

L'éditeur de cet ouvrage s'engage dans une démarche de certification FSC® qui contribue à la préservation des forêts pour les générations futures.

Pour en savoir plus :
www.editis.com/engagement-rse/

Cet ouvrage a été achevé d'imprimer sur Roto-Page par l'Imprimerie Floch à Mayenne en novembre 2022
N° d'édition : 7491 – N° d'impression : 101387
Imprimé en France